Android Studio를 위한
빌드 자동화

이동호 지음

- 안드로이드 스튜디오 설치
- 툴 윈도우
- Gradle 통합
- Groovy
- 버전 관리
- 멀티 모듈
- 유닛 테스트, UI 테스트

Gradle

인투북스
inTo Books

이동호(李東湖)

디지털 퍼블리싱 및 모바일 앱 개발자

『루시퍼 원리』(파스칼북스), 『게임의 시대』(파스칼북스), 『요시카와 에이지 삼국지』(매일경제) 등을 번역했으며 현재 IT 관련 서적을 기획 및 집필하고 있다.

머·리·말

개발자가 손에 익은 도구를 바꾼다는 것은 결코 쉬운 일이 아닙니다. 낡아서 제 기능을 발휘하지 못하거나 다른 것에 비해 현저히 기능이 떨어지지 않는 한 웬만해서는 도구를 바꾸려고 하지 않습니다.

하지만 2013년 5월 구글은 그동안 사용하던 이클립스 ADT의 지원을 중단하고 새로 개발되는 안드로이드 스튜디오를 공식 IDE(통합 개발 환경)로 삼는다고 밝혔습니다. 안드로이드 개발자에게는 자바를 처음 공부하던 시절부터 손에 익은 이클립스를 버리고 어디서 듣지도 보지도 못한 새로운 IDE에 적응해야 한다는 뜻이었습니다.

안드로이드 스튜디오가 기반하고 있는 인텔리제이(IntelliJ) IDEA는 물론 "듣보잡"이 아닙니다. 2001년 1월 최초 버전이 나온 이래 2015년 버전 15를 출시했습니다. 이클립스 오픈 소스 컨소시엄이 결성된 것이 2001년 11월이므로, 굳이 따지자면 인텔리제이 IDEA는 이클립스보다 역사가 깊은 IDE라고 할 수 있습니다.

게다가 인텔리제이 IDEA는 현재 얼마 남지 않은 상용 IDE이기도 합니다. 안드로이드 스튜디오는 무료 버전인 인텔리제이 IDEA 커뮤니티 에디션에 기반하고 있지만, 대부분의 핵심 기능은 유료 버전과 다르지 않습니다. 무료로 이클립스를 사용할 수 있음에도 불구하고 많은 자바 개발자가 비싼 가격에도 지불하고 인텔리제이 IDEA를 쓰는 것은 뭔가 이유가 있을 것입니다. "가장 똑똑한 자바 IDE"(The most intelligent Java IDE)가 인텔리제이 IDEA의 캐치프레이즈입니다.

안드로이드 스튜디오를 만든 젯브레인스(JetBrains)는 IDE 전문 제작사입니다. 인텔리제이(IntelliJ) IDEA를 비롯해 여러 언어들의 전문 IDE를 만들고 있습니다. 자바스크립트에 WebStorm, PHP에는 PhpStorm, 파이썬에 PyCharm, 루비에 RubyMine, iOS/OS X에 AppCode, C와 C++에 CLion, 심지어 비주얼 스튜디오에도 ReSharper라는 익스텐션을 유료로 공급하고 있습니다.

하지만 구글이 안드로이드 스튜디오로 IDE를 바꾼 것은 이클립스의 기능이 떨어지거나 인텔리제이 IDEA의 성능이 뛰어나서도 아닙니다. 구글도 밝히고 있듯이 그보다는 "IDE와 독립된" 빌드 시스템의 구축이고, 구글이 선택한 빌드 시스템이 그레이들(Gradle)입니다. 이것이 바로 이 책의 주제이며 처음 안드로이드 스튜디오를 접할 때 가장 생소한 부분이기도 합니다.

『Android Studio를 위한 빌드 자동화 Gradle』은 이렇듯 생소한 개발 환경을 안내하고자 기획되었습니다. 먼저 안드로이드 스튜디오를 비롯해 젯브레인스의 IDE에 독특한 측면에 대해 살펴봅니다.

- 제1장에서는 JDK와 안드로이드 SDK의 설치와 세팅에 대해 살펴봅니다.
- 제2장에서는 가장 간단한 프로젝트를 통해 안드로이드 스튜디오의 세팅과 플러그인 설치, 그리고 SDK 매니저에 대해 살펴봅니다.
- 제3장에서는 안드로이드 스튜디오를 비롯해 젯브레인스의 IDE에서 기본을 이루는 툴 윈도우에 대해 살펴보고, 제4장에서는 안드로이드 스튜디오의 다양한 편집 기능에 대해 알아봅니다.

그리고 나머지 장에서는 그레이들 빌드 시스템에 대해 본격적으로 다룹니다. 그레이들 자체보다는 안드로이드 스튜디오와 그레이들의 유기적인 통합에 초점을 맞추었습니다.

- 제5장에서는 그레이들의 기본 개념, "설정보다는 관례(Conventions over Configuration)"에 대해 알아봅니다. 아무 내용 없는 build.gradle 파일을 통해 그레이들 빌드 시스템의 태스크 정의 구조를 살펴봅니다.
- 제6장에서는 그레이들이 채용하고 있는 프로그래밍 언어 그루비의 기본에 대해 알아봅니다.
- 제7장에서는 안드로이드 스튜디오의 편리한 디펜던시 관리에 대해 살펴보고, 제8장에서는 여러 가지 버전을 손쉽게 생성하는 그레이들의 뛰어난 성능, 제9장에서는 안드로이드 스튜디오의 서브 프로젝트, 즉 모듈들에 대해 알아봅니다.
- 그리고 마지막으로 제10장에서는 유닛 테스트와 안드로이드 기기 테스트에 대해 살펴보고 그레이들의 테스트 자동화 시스템에 대해 알아봅니다.

현재 자바 개발 환경에서 메이븐(Maven)이 주류 빌드 시스템이며 인텔리제이 IDEA에서도 기본 빌드 시스템으로 메이븐을 채택하고 있습니다. 안드로이드 스튜디오의 그레이들 빌드 시스템은 이보다 한발 앞서간 선택임은 이 책을 통해 살펴볼 수 있을 것입니다.

◆ 소스 코드 다운로드: https://github.com/carllro/GradleForAndroidStudio

◆ 문의 이메일: carllro@daum.net

이 책의
차 례

Chapter 안드로이드 스튜디오 설치하기   8

01
1. 안드로이드 스튜디오 다운로드   9
2. JDK의 설치와 JAVA_HOME   10
3. 안드로이드 컴포넌트 설치   16

Chapter Hello, World!   21

02
1. 새로운 프로젝트 만들기   22
2. 안드로이드 스튜디오 세팅   29
    2.1 에디터 폰트, 색깔의 변경   29
    2.2 터미널 프로그램의 변경   30
    2.3 사용자 테마 / 플러그인의 설치   32
3. 안드로이드 SDK 매니저   36

Chapter Hello, Gradle!   44

03
1. 메인 메뉴 / 툴 바 / 내비게이션 바 / 상태 바   45
2. 툴 윈도우   49
3. 프로젝트 툴 윈도우   52
4. 스트럭처 툴 윈도우   55
5. 즐겨찾기 툴 윈도우   58
6. TODO 툴 윈도우   63
7. 그레이들 툴 윈도우   66
8. 그레이들 콘솔   71
9. 빌드 배리언트 툴 윈도우   72
10. 이벤트 로그와 메시지   74

Chapter 04 안드로이드 스튜디오의 다양한 편집 기능   76

1. 에디터 탭   76
2. 거터   82
3. 마커 바(Marker Bar)   87
4. 코드 복사 / 삭제 / 선택   90
5. 멀티 커서   91
6. 복사하기 / 오려두기 / 붙이기   94
7. 되돌리기 / 다시 실행 / 로컬 히스토리(Local History)   95
8. 찾기와 바꾸기   98
9. 주석(Comments)   102
10. 코드의 이동과 정리   103
11. 코드 자동 완성(Code Completion)   106
12. 라이브 템플릿(Live Templates)   108
13. 포스트픽스(Postfix) 코드 생성   114
14. 랭귀지 인젝션(Language injection)   115
15. 내비게이션(Navigation)   118
16. 키맵(Keymap)   123

Chapter 05 그레이들 벗겨 보기   129

1. 그레이들 파일   129
2. 가장 간단한 build.gradle   133
3. Gradle Wrapper   137
4. build.gradle 파일   139

Chapter 06 Groovy for Gradle   143

1. Hello World   143
2. 그루비 클래스   148
3. 컬렉션   150
4. 클로저   152

Chapter 디펜던시 관리   154

07
1. 리포지토리   155
2. 디펜던시의 표기   157
3. 디펜던시의 구성과 추가   161

Chapter 여러 가지 버전 생성하기   164

08
1. 빌드 타입과 인스톨   165
2. 사용자 빌드 타입   168
3. 키스토어와 서명된 APK 만들기   172
4. 안드로이드 스튜디오에서 키스토어 생성   177
5. 프로덕트 플레이버   182
6. 배리언트 리소스   186
7. 배리언트 자바 소스   190

Chapter 멀티 모듈 만들기   193

09
1. 멀티 모듈의 이해   194
2. 자바 라이브러리 모듈   197
3. 안드로이드 라이브러리 모듈   203

Chapter 유닛 테스트와 안드로이드 기기 테스트   212

10
1. 유닛 테스트   213
2. 그레이들의 유닛 테스트   216
3. 새로운 클래스의 유닛 테스트   218
4. 안드로이드 기기 테스트   226

Chapter 01 안드로이드 스튜디오 설치하기

안드로이드 스튜디오는 구글의 공식 IDE(Integrated Development Environment)입니다. IDE(통합 개발 환경)는 소프트웨어 개발에 관련된 모든 작업을 하나의 프로그램 안에서 처리하는 환경을 제공합니다. 이클립스(Eclipse), 넷빈스(NetBeans) 그리고 인텔리제이(IntelliJ) IDEA가 자바 IDE로 유명합니다.

안드로이드 스튜디오는 젯브레인스(JetBrains)의 인텔리제이 IDEA 커뮤니티 에디션에 기반하고 있습니다. 상용 프로그램인 인텔리제이 IDEA에서 데이터베이스 연결, UML 보기 등 몇 가지 기능을 빼고 무료로 배포하는 것이 커뮤니티 에디션인데, 안드로이드 스튜디오는 안드로이드 앱 개발에 적합하도록 새롭게 세팅되었습니다.

안드로이드 스튜디오는 2013년 5월 구글 개발자 회의에서 처음 소개되어 베타 테스트를 거쳐 2014년 12월 안정화 버전 1.0이 발표되었습니다. 이후 Eclipse ADT(Android Development Tools)를 대신해 안드로이드의 공식 IDE로서 자리매김하게 되었습니다.

이 장에서는 안드로이드 스튜디오를 설치하는 방법에 대해 알아봅니다. 안드로이드 스튜디오를 설치하려면 무엇보다 컴퓨터에 자바가 설치되어 있어야 합니다. 먼저 안드로이드 스튜디오 프로그램을 다운로드 받은 다음, 이를 설치하기에 앞서 컴퓨터에 자바를 설치하고 세팅하는 방법에 대해 알아보겠습니다. 그리고 나서 안드로이드 스튜디오의 설치 과정을 살펴보겠습니다.

안드로이드 스튜디오 다운로드

안드로이드 스튜디오는 구글 개발자 홈페이지(http://developer.android.com)에서 무료로 다운로드 받을 수 있습니다.

구글 개발자 홈페이지(http://developer.android.com)

홈페이지는 대부분 영문으로 작성되어 있지만 한창 한글화가 진행되고 있으므로 홈페이지 화면의 하단에 있는 메뉴에서 [한국어]를 선택하면 내용을 읽는 데 여러 가지로 도움이 됩니다.

브라우저의 주소 창에 홈페이지 주소를 입력하면 [디자인 | 개발 | 배포] 탭이 보입니다. 가운데에 위치한 [개발]에는 안드로이드 앱 개발과 관련된 내용이 담겨 있습니다. 그 아래에 있는 [도구]를 클릭하면 커다란 초록색 다운로드 버튼이 있는 화면이 나타납니다.

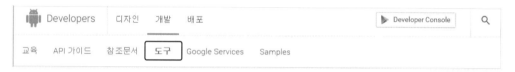

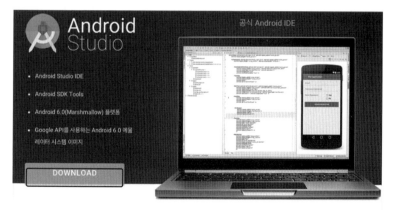

[DOWNLOAD]를 눌러 다운로드가 시작되면 안드로이드 스튜디오 설치 전에 확인해야 할 사항을 안내합니다.

> **To set up Android Studio on Windows:**
>
> 1. Launch the `.exe` file you just downloaded.
> 2. Follow the setup wizard to install Android Studio and any necessary SDK tools.
>
>   On some Windows systems, the launcher script does not find where Java is installed. If you encounter this problem, you need to set an environment variable indicating the correct location.
>
>   Select **Start menu > Computer > System Properties > Advanced System Properties**. Then open **Advanced tab > Environment Variables** and add a new system variable `JAVA_HOME` that points to your JDK folder, for example `C:\Program Files\Java\jdk1.7.0_21`.
>
> The individual tools and other SDK packages are saved outside the Android Studio application directory. If you need to access the tools directly, use a terminal to navigate to the location where they are installed. For example:
>
> `\Users\<user>\sdk\`

안드로이드 앱은 자바로 프로그래밍하므로 컴퓨터에 자바가 설치되어 있어야 합니다. 여기에서 특히 주목할 만한 부분은 일부 윈도우 시스템에서 시작 스크립트가 자바의 설치 위치를 찾지 못하는 경우도 있으므로, 문제가 발생한다면 JDK가 설치된 정확한 위치를 환경 변수(Environment Variables) [JAVA_HOME]으로 설정하라는 내용입니다. 따라서 안드로이드 스튜디오를 설치하기 전에 먼저 자바부터 설치해야 합니다.

② JDK의 설치와 JAVA_HOME

컴퓨터에 자바가 설치되어 있는지 확인하는 방법은 간단합니다. 명령 프롬프트(터미널)에서 다음과 같이 입력합니다.

```
java -version
```

이것이 이상 없이 실행된다면 컴퓨터에 JRE가 설치되어 있는 것입니다. JRE는 "자바 실행 환경"(Java Runtime Environment)의 약자입니다. 컴파일된 자바 바이너리 파일(.class)을 실행합니다. 이것은 JDK와 다릅니다. JDK는 "자바 개발 키트"(Java Development Kit)의 약자입니다. 개발에 필요한 여러 가지 도구들이 담겨 있습니다.

명령 프롬프트(터미널)에서 아래 명령이 이상 없이 실행된다면 JDK가 설치되어 있는 것입니다.

```
javac -version
```

```
C:\Users\carll
λ java -version
java version "1.8.0_65"
Java(TM) SE Runtime Environment (build 1.8.0_65-b17)
Java HotSpot(TM) 64-Bit Server VM (build 25.65-b01, mixed mode)

C:\Users\carll
λ javac -version
javac 1.8.0_65
```

javac는 자바 소스 코드를 컴파일하는 프로그램입니다. JRE에는 없고 오로지 JDK에만 포함되어 있습니다. 위 명령이 제대로 실행되지 않는다면 오라클 홈페이지에서 JDK를 다운로드받아 설치해야 합니다.

구글 검색 창에 "JDK"라고 입력하면 다운로드 받을 수 있는 웹페이지를 바로 안내해 줍니다.

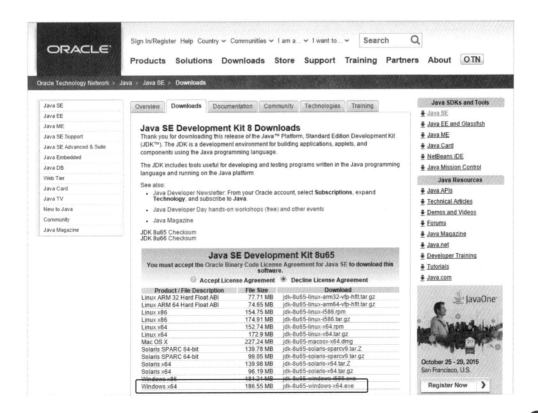

윈도우 64비트 시스템이라면 그림의 맨 아래에 있는 Windows x64를 선택합니다. 다운로드 받은 파일을 컴퓨터에 설치할 때, 어느 폴더에 설치하는지가 중요합니다. 64비트 컴퓨터라면 C:₩Program Files₩Java, 32비트 컴퓨터라면 C:₩Program Files (x86)₩Java가 기본 폴더입니다.

안드로이드 스튜디오 설치 페이지의 설명은 이 폴더를 PATH에 포함시키라는 내용입니다.

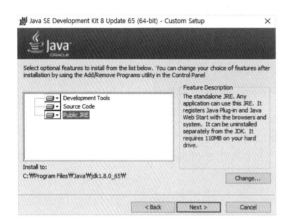

우리가 사용하는 윈도우는 그래픽 사용자 인터페이스(Graphic User Interface, GUI)인데, 윈도우 95가 나오기 전까지는 DOS라는 명령줄 인터페이스(Command Line Interface, CLI)를 사용했습니다. 명령줄 인터페이스에서 해당 디렉터리에 들어가지 않고 실행 파일의 프로그램을 실행하려면 컴퓨터에 실행 파일이 어디에 위치해 있는지 미리 알려주어야 하는데 그것이 PATH입니다.

윈도우 시스템의 PATH는 [시스템 속성]의 환경 변수를 통해 설정합니다.

파일 탐색기의 [내 PC]에서 오른쪽 마우스 버튼을 클릭하여 [속성]을 클릭하면 [시스템] 창이 나타납니다. 또는 윈도우 키 + Pause 키를 눌러도 됩니다.

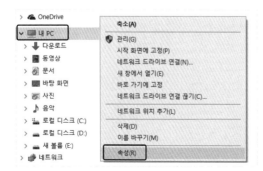

[시스템] 창 우측 중앙의 [시스템] – [시스템 종류] 항목에는 컴퓨터가 32비트인지, 64비트인지 알려주고 있습니다. [시스템] 창에서 왼쪽 맨 아래에 있는 [고급 시스템 설정]을 클릭하면 [시스템 속성] 창이 나타납니다.

[시스템 속성]의 아래쪽에 위치한 [환경 변수] 버튼을 클릭하면 [환경 변수] 창이 나타납니다.

[환경 변수] 창의 위쪽은 사용자 변수, 아래쪽은 시스템 변수로 나누어져 있습니다.

다시 말해 위쪽은 현재 시스템에 로그인되어 있는 사용자를 위한 공간입니다. 이에 비해 아래쪽 시스템 변수는 컴퓨터의 모든 사용자를 위해 설정합니다. 시스템에 사용자가 한 명뿐이라면 어느 쪽을 사용하든 관계가 없습니다. 저는 주로 위쪽을 씁니다. 기본 변수가 TEMP, TMP 두 개뿐이라서 눈에 잘 띄기 때문입니다.

여기에서 [새로 만들기] 또는 [편집] 버튼을 누르면 환경 변수를 편집하는 창이 나타납니다. 변수 이름에 JAVA_HOME이라고 입력하고 변수 값에 자바가 설치된 폴더를 적어 넣습니다. 혹은 파일 탐색기의 주소 창에서 경로를 복사하여 붙이면 간편합니다.

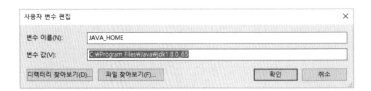

다음으로 PATH라는 환경 변수를 편집합니다. 이 환경 변수가 없다면 [새로 만들기]를 클릭하여 변수 이름에 PATH라고 입력하고, 환경 변수 JAVA_HOME 앞뒤에 각각 %를 붙여 폴더 bin을 추가해 줍니다. 환경 변수 PATH에 다른 값들이 있다면 ;(세미콜론)으로 그것들과 분리해 줍니다.

```
%JAVA_HOME%\bin;     (맨 앞에 붙일 경우)
;%JAVA_HOME%\bin     (맨 뒤에 붙일 경우)
```

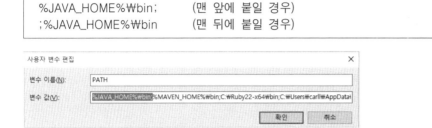

윈도우 10에서는 환경 변수 PATH를 관리하는 창이 새롭게 생겼는데, PATH에 지정한 폴더들을 일목요연하게 살펴볼 수 있습니다. 맨 아래에 있는 [텍스트 편집]이 기존의 [편집]입니다.

[새로 만들기]로 새로운 폴더를 PATH에 추가하고 [편집] 버튼을 눌러 폴더의 경로를 수정합니다. [위로 이동], [아래로 이동]은 폴더가 나타나는 순서를 변경하는 버튼입니다.

[확인] 버튼을 눌러 환경 변수를 저장한 다음, 명령 프롬프트에서 javac -version을 입력해서 PATH에 제대로 반영되었는지 확인해 봅니다. 디렉터리에 상관없이 이 명령이 실행되어야 환경 변수가 제대로 설정된 것입니다.

Set 명령으로 환경 변수를 알아보는 방법도 있습니다.

```
set JAVA_HOME
```

```
C:\cmder
λ set JAVA_HOME
JAVA_HOME=C:\Program Files\Java\jdk1.8.0_65

C:\cmder
λ
```

이제 컴퓨터에 JDK가 설치되고 PATH도 지정되었으므로 본격적으로 안드로이드 스튜디오를 설치해 보도록 하겠습니다.

③ 안드로이드 컴포넌트 설치

구글 개발자 홈페이지에서 다운받은 파일은 안드로이드 스튜디오 IDE 외에도 안드로이드 SDK, 안드로이드 가상 디바이스(Android Virtual Device), Performance(Intel® HAXM)를 별도로 설치합니다. 이것들을 컴포넌트(Components)라고 하는데, 실제 디바이스에서만 앱을 테스트한다면 Android Virtual Device), Performance(Intel® HAXM)는 설치하지 않아도 되지만 좀 더 폭넓고 다양한 디바이스 테스트를 위해 모든 컴포넌트들을 설치하는 것이 좋습니다.

하지만 안드로이드 SDK는 반드시 설치되어 있어야 합니다. SDK는 "소프트웨어 개발 키트"(Software Development Kit)의 약자입니다. 안드로이드 소스 코드를 컴파일하고 apk 파일로 만들어 디바이스로 옮기는 모든 과정을 SDK가 담당합니다.

안드로이드 SDK와 인텔 HAXM의 라이선스 계약에 동의하면, 컴포넌트 선택 화면이 나타납니다.

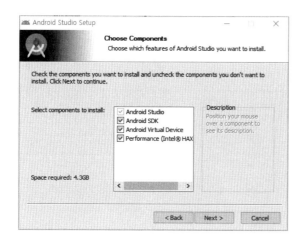

안드로이드 스튜디오 IDE가 설치되는 폴더는 C:₩Program Files₩Android₩Android Studio이며, 안드로이드 SDK는 C:₩Users₩<user>₩AppData₩Local₩Android₩sdk에 기본적으로 설치됩니다. 최소 3.2GB의 저장 공간이 필요하다고 설명되어 있지만, 가상 디바이스 이미지 파일 하나의 용량이 거의 2GB에 달하기 때문에 몇 개만 설치해도 수십 GB를 훌쩍 넘어섭니다. 하드디스크 용량을 넉넉히 확보하는 것이 좋습니다.

기본 폴더를 그대로 사용합니다. 필요하다면 [Browse...] 버튼을 클릭해서 설치 폴더를 변경할 수도 있습니다.

이클립스 ADT 등에서 사용하던 것이 있다면 안드로이드 SDK를 새로 설치하지 않고 폴더 위치를 지정할 수 있습니다.

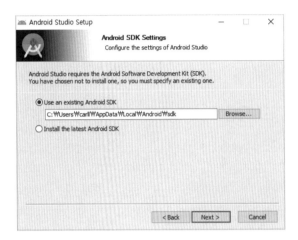

다음에 나타나는 화면은 가상 디바이스, 즉 에뮬레이터 설정입니다. 최소한 512MB의 램 용량을 설정해야 합니다. 기본값은 2GB입니다.

설치 과정이 종료되면 [Finish] 버튼을 눌러 안드로이드 스튜디오를 시작합니다.

안드로이드 스튜디오는 사용자 폴더, 즉 C:₩Users₩<user>의 아래에 버전별로 IDE 설정을 저장해 둡니다. 예를 들어 안드로이드 스튜디오 1.4 버전을 사용하고 있다면 폰트, 테마 등의 설정이 C:₩Users₩<user>₩.AndroidStudio1.4라는 폴더에 저장됩니다.

다음 화면에서는 만일 과거 버전에서 사용하던 세팅이 있다면 그것을 계속 사용할 것인지 여부를 묻고 있습니다. 또 안드로이드 스튜디오는 IDE 세팅을 jar 파일로 저장할 수 있는데, 그것을 불러올 수도 있습니다. 안드로이드 스튜디오를 처음 설치하는 것이라면, 세 번째 항목인 "과거 버전이나 불러올 세팅이 없음"을 선택합니다.

그러면 안드로이드 스튜디오는 컴포넌트를 다운로드 받습니다. 안드로이드 SDK는 필요에 따라 모듈들을 다운로드 받는 구조입니다. API 버전이나 사용하고자 하는 서비스, 또는 지원하는 디바이스에 따라 설치하는 패키지가 달라집니다. 안드로이드 스튜디오가 처음 시작될 때에는 최신 플랫폼, 빌드 툴(Build-tools), 플랫폼 툴(Platform-tools) 등이 자동으로 다운로드 됩니다.

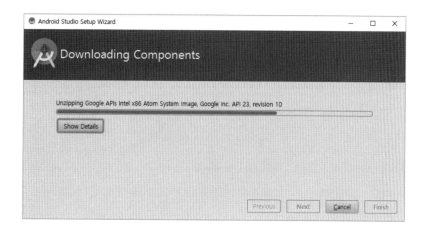

설치 화면에서는 SDK 폴더에 새롭게 설치된 파일들과 함께 가상 디바이스 Nexus 5가 생성되었음을 알려줍니다. 그런 다음 안드로이드 스튜디오 IDE의 초기 화면이 나타납니다.

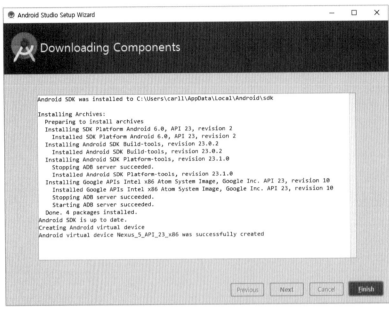

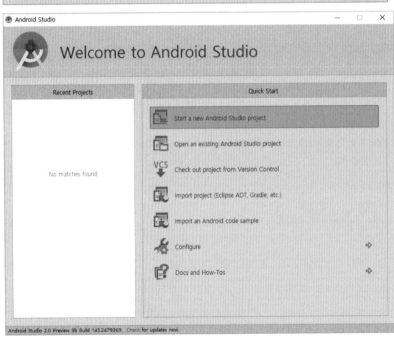

Chapter 02

Hello, World!

AndroidStudio

새로운 프로그래밍 언어를 배울 때 가장 먼저 다루는 것이 콘솔 창에 "Hello World"라는 글자를 출력하는 코드입니다. 간단한 텍스트 에디터로 코드를 입력하여 컴파일을 하면 콘솔에 "Hello World"라고 출력됩니다.

자바 프로그래밍은 클래스, 메서드, public 등 접근 제어자(Access Modifier), 정적(static)에 대한 개념을 알아야 하기 때문에 초보자가 배우기에 대단히 어려운 프로그래밍 언어라고 알려져 있습니다.

안드로이드 프로그래밍은 자바 프로그래밍에서 한 걸음 더 나아갑니다. 자바 코드를 작성해야 하는 것은 물론이고 XML까지 다루어야 하고, 거기에다가 단순히 콘솔에 "Hello World"를 출력하는 것이 아니라 스마트폰, 태블릿 등 외부 디바이스에 글자가 나타나도록 해야 합니다.

안드로이드 프로그래밍에서 텍스트 에디터로 소스 코드를 작성해 컴파일하고 디바이스에 옮기는 일련의 과정을 콘솔 하나하나 수행하는 것은 전혀 불가능하지는 않지만 대단히 어렵고 지루한 일입니다. 그래서 IDE가 이 과정을 수행해 주고 있으며, IDE 뒤에서 이 일을 도맡아 처리하는 것이 빌드 시스템(Build System)입니다.

빌드 시스템 덕분에 안드로이드 스튜디오에서는 마우스 클릭 몇 번으로 "Hello World"라는 글자를 디바이스에 출력할 수 있습니다. 이 장에서는 가장 간단한 프로젝트를 만들어 보고, 안드로이드 스튜디오의 세팅과 플러그인 설치, 그리고 여러 가지 안드로이드 툴들을 설치 또는 제거하는 SDK 매니저에 대해 알아보겠습니다.

① 새로운 프로젝트 만들기

안드로이드 스튜디오에서 "Hello World" 프로젝트를 만드는 것은 매우 쉽습니다. 미리 설정된 기본값 그대로, 하나도 바꾸지 않고 마우스로 [Next] 버튼만 누르면 됩니다. 마법사 창이 모든 과정을 처리합니다.

안드로이드 스튜디오 초기 화면에서 Start a New Android Studio Project(새 안드로이드 스튜디오 프로젝트 시작하기)를 클릭합니다.

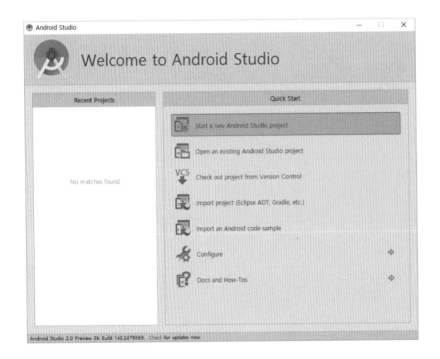

그러면 [New Project] 창이 나타나는데, Application Name(애플리케이션 이름)에 "My Application"이라고 이미 입력되어 있습니다. Company Domain(회사 도메인)도 채워져 있습니다. 이것은 자바의 전통에 따르는 고유한 식별자로서, 끝에 애플리케이션 이름을 덧붙여 Package Name(패키지 이름)을 구성합니다.

오른쪽의 파란색 [Edit] 글자를 클릭하면 패키지 이름을 변경할 수 있습니다.

Project Location(프로젝트 위치)은 프로젝트 파일이 실제로 저장되는 곳입니다. 이것도 이미 채워져 있습니다. 오른쪽 생략 [...] 버튼을 클릭하면 위치를 바꿀 수 있습니다. 모든 과정이 끝날 때가지 어떠한 파일도 생성되지 않습니다. 어떤 파일을 생성할지는 마지막이 되어서야 결정됩니다. [Next] 버튼을 클릭합니다.

[Target Android Device](안드로이드 디바이스 타깃하기) 창이 나타납니다. 안드로이드는 스마트폰과 태블릿, 텔레비전, 스마트워치, 안경 등 다양한 디바이스를 지원합니다. 이 창에서는 프로젝트에서 목표로 삼는 디바이스를 결정합니다. Phone & Tablet, Wear, TV, Glass, 그리고 Android Auto(안드로이드 자동차)도 있습니다.

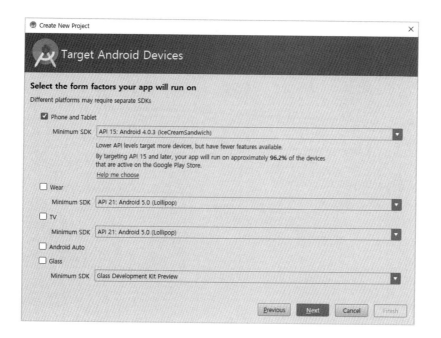

각각의 디바이스에 애플리케이션이 지원하는 Minimum SDK(최소 SDK)를 설정합니다. 폰과 태블릿에서 기본값인 API 15: Android 4.03 (IceCream Sandwitch)을 최소 SDK로 설정하면, 생성되는 파일 안에 Android Support Library(안드로이드 지원 라이브러리)가 자동으로 추가됩니다. 이 라이브러리는 이전 버전의 안드로이드 디바이스에서도 새로운 기능을 사용할 수 있도록 지원합니다.

Minimum SDK의 드롭다운 메뉴에서 API 버전을 바꿀 수 있습니다. API 레벨이 낮을수록 지원되는 디바이스 범위가 많아지지만 사용 가능한 기능은 적어집니다. API 레벨 15 이후를 지정하면, 현재 시점에 구글 플레이 스토어에 접속한 전체 디바이스 가운데 약 96.2퍼센트에서 앱이 실행된다는 설명이 화면에 나와 있습니다.

파란색 [Help me choose] 글자를 클릭하면, Android Platform/API Version Distribution (안드로이드 플랫폼/API 버전 분포) 창이 나타납니다. 화면 왼쪽에 있는 안드로이드 플랫폼 버전 또는 API 레벨을 클릭하면, 오른쪽에 각 버전 또는 레벨의 특징들이 간략하게 표시됩니다. 아래쪽의 링크는 상세 페이지로 안내합니다.

안드로이드 플랫폼은 세 가지 이름을 사용하고 있습니다. 버전, 코드네임, API 레벨 입니다. 코드네임은 일반 사용자들이 부르기 쉽도록 디저트 과자 이름을 알파벳순으로 붙인 것이고, API 레벨은 개발자를 대상으로 하는 표기로서 버전에 따라 숫자가 하나씩 높아지는 형태입니다. 2015년 5월 구글 개발자 회의에서 발표된 안드로이드 6.0의 코드네임은 마시멜로 (Marshmallow)이며 API 레벨은 23입니다. 다음에 등장할 플랫폼은 알파벳 N으로 시작하는 과자 이름이 코드네임이 될 것이고, API 레벨은 24입니다.

중간에 버전 3은 통째로 빠져 있는데 코드네임 허니콤(Honeycomb), API 레벨 11~13입니다. 이것은 태블릿만을 위한 플랫폼으로서 스마트폰과 태블릿 플랫폼이 별개로 존재했습니다. 버전 4.0 아이스크림 샌드위치에서 태블릿과 스마트폰 플랫폼이 통합되어 버전 3은 더 이상 사용되지 않습니다.

기본값인 디바이스 Phone & Tablet, Minimum SDK를 API 15로 설정하고 [Next] 버튼을 클릭합니다.

그러면 [Add an Activity to Mobile](모바일에 액티비티 더하기) 창이 나타납니다. 안드로이드에서 액티비티란 "하나의 화면"과 동일하다고 보아도 무방합니다. 다양한 화면들이 있지만 기본값인 Blank Activity(빈 화면)를 선택하고 [Next] 버튼을 클릭합니다.

이어지는 화면은 Customize the Activity(액티비티 설정하기)입니다. 여기에서는 Activity Name(액티비티 이름), Layout Name(레이아웃 이름), Title(타이틀), Menu Resource Name(메뉴 리소스 이름)을 설정합니다. [Finish] 버튼을 눌러 기본값 그대로 진행합니다.

이제 안드로이드 스튜디오는 프로젝트 파일들을 생성하기 시작합니다. 사용자가 설정한 값을 토대로 프로젝트 파일을 생성하는 것은 빌드 시스템, 즉 그레이들(Gradle)입니다.

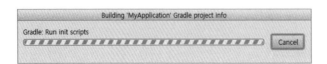

이제 화면은 안드로이드 스튜디오 IDE로 바뀝니다. 화면 중앙에 스마트폰(Nexus 4)이 나타나며 마치 비행기 조정석 같은 대단히 복잡한 화면이 나타납니다. 하지만 실상은 그렇게 복잡하지 않습니다. IDE에 나타난 스마트폰은 디바이스가 아니라 애플리케이션의 레이아웃을 보여주는 데에 지나지 않습니다. 실제로 디바이스에 "Hello World!"를 출력하려면 한 단계 더 나아가야 합니다.

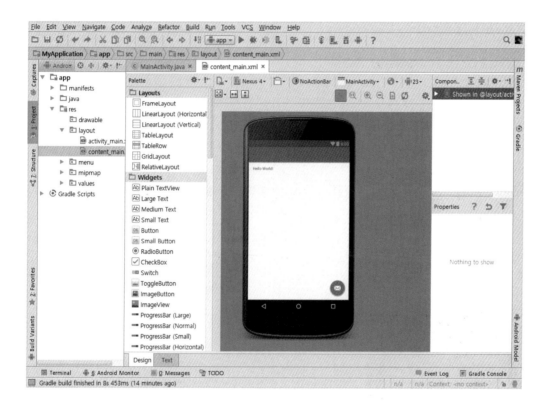

메인 메뉴에 있는 [Run] 버튼을 클릭합니다. 또는 도구 모음의 초록색 삼각 모양(▶) 버튼을 클릭하면 ADB(Android Debug Bridge)가 시작됩니다. 이것이 컴퓨터와 안드로이드 디바이스 사이를 연결해 줍니다.

ADB는 안드로이드 SDK에서 가장 중요한 두 가지 툴 가운데 하나입니다. 기본 설치 위치는 sdk₩platform-tools입니다. 다른 하나는 SDK 매니저로서 sdk₩tools가 기본 위치입니다. 그래서 안드로이드 개발자는 터미널에서 쉽게 불러올 수 있도록 이 두 경로를 PATH에 포함시키기도 합니다.

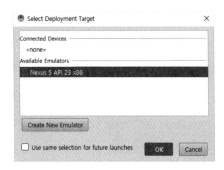

ADB 서버는 빌드 시스템이 생성한 apk(Android application package) 파일을 안드로이드 디바이스에 옮깁니다. 그런 다음 디바이스에서 apk 파일이 실행되면서 넥서스 5 가상 디바이스 화면에 "Hello World!"라고 글자가 나타납니다. USB로 실제 디바이스를 컴퓨터에 연결한다면 거기에도 "Hello World!"가 출력될 것입니다.

이렇게 안드로이드 스튜디오에서는 글자 하나 입력하지 않고서도 몇 번의 마우스 클릭만으로 쉽게 "Hello World!" 프로젝트를 만들 수 있습니다.

안드로이드 스튜디오 세팅

2.1 에디터 폰트, 색깔의 변경

텍스트 에디터든 IDE이든 처음 설치한 후 사용자들은 세팅부터 바꾸는 경우가 많습니다. 특히 안드로이드 스튜디오는 윈도우 시스템에서 기본 폰트가 모노스페이스드(Monospaced)로 설정되어 있기 때문에 보기에 좋지 않습니다.

메인 메뉴 [File > Settings…]에서 이것을 바꿀 수 있습니다. 툴바 중앙에 있는 도구 모양의 아이콘을 클릭해도 [Settings] 대화 창이 나타납니다.

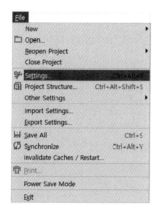

[Settings] 대화 창에서 [Editor > Colors & Fonts > Font]로 들어가면 [Scheme]에 Default와 Darcula가 있습니다. Default는 밝은 색이고 Darcula는 어두운 색입니다. 하지만 Default와 Darcula는 수정이 되지 않습니다. 에디터의 폰트나 색깔을 바꾸려면 옆에 있는 [Save As…] 버튼을 클릭해 새로운 Scheme을 만들어야 합니다.

윈도우 기본 폰트가 아니어서 별도로 설치해야 하지만 Consolas 폰트나 어도비의 오픈 소스 폰트인 Source Code Pro도 가독성이 괜찮습니다. 대화 창에서 [Font] 아래에 있는 [Console Font]도 읽기 좋은 폰트로 바꾸어 봅니다.

2.2 터미널 프로그램의 변경

안드로이드 스튜디오에서는 터미널 프로그램을 바꿀 수 있습니다. 기본값은 명령 프롬프트 cmd.exe입니다. [Settings > Tools > Terminal]의 Shell Path에 powershell.exe라고 적어 넣으면 powershell이 터미널 프로그램이 됩니다. cmd.exe나 powershell.exe는 기본적으로 PATH에 포함되어 있기 때문에 프로그램의 경로를 적지 않아도 실행됩니다.

윈도우 환경에서 인기 있는 오픈 소스 셸 프로그램인 cmder도 안드로이드 스튜디오에서 사용할 수 있습니다. cmder는 Git 사용자들에게 특히 인기가 높은데, 깔끔한 화면 구성에다가 윈도우 명령이나 유닉스 명령이 모두 작동하기 때문에 편리합니다.

홈페이지(http://cmder.net/)에서 프로그램을 다운로드 받아 압축을 풀고 PATH에 포함시킨 다음에 [Settings > Tools > Terminal]의 Shell Path에 cmder.exe라고 적어 넣으면 됩니다. 환경 변수 PATH에 디렉터리를 포함시키지 않는다면 이곳에 디렉터리 전체 경로를 입력해야 합니다. 하지만 cmder는 독자적으로 사용하는 경우도 많으므로 환경 변수에 포함시키는 것이 좋습니다.

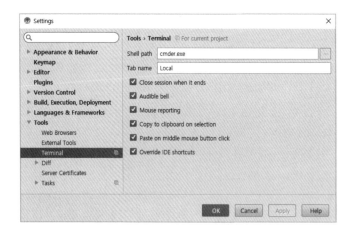

터미널 프로그램으로 cmder를 쓰려면 cmder의 설정을 조금 바꿔 주어야 합니다. [cmder] 창에서 cmder 로고를 클릭하거나 상단 막대에서 마우스 오른쪽 버튼 클릭을 하면 메뉴가 나타납니다. 거기에 cmder의 [Settings...] 항목이 있습니다.

[Startup > Tasks]에서 [1 {cmd}]를 선택하고 아래쪽 텍스트 박스의 명령을 다음 명령으로 바꿉니다. 기본값으로 cmder은 사용자 폴더에서 cmder 창이 열리는 것으로 설정되어 있는데, 이렇게 바꾸면 명령이 실행되는 곳에서 cmder 창이 열리게 됩니다.

```
cmd /k "%ConEmuDir%\..\init.bat"  -new_console
```

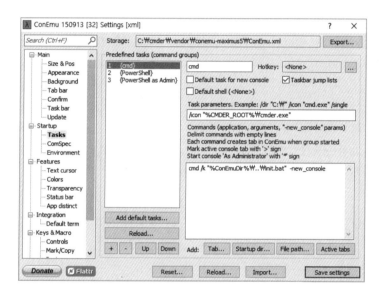

이렇게 설정을 마친 다음에 안드로이드 스튜디오에서 터미널의 탭을 누르면 cmder가 애플리케이션 폴더에서 열립니다. 터미널에서 핀 모드(Pinned Mode)를 해제하면 cmder를 연 다음에 터미널의 자체는 곧바로 닫히게 됩니다. 핀 모드에 대한 자세한 설명은 [제3장 Hello Gradle!]을 참고하기 바랍니다.

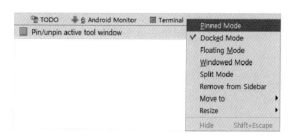

2.3 사용자 테마 / 플러그인의 설치

안드로이드 스튜디오의 기본 테마는 Default와 Darcula뿐이지만 젯브레인스는 별도의 홈페이지에서 많은 사용자 테마를 제공하고 있습니다. 안드로이드 스튜디오를 포함한 젯브레인스의 모든 IDE에 이 테마를 적용할 수 있습니다.

젯브레인스의 테마 홈페이지(http://www.ideacolorthemes.org)에 들어가 jar 파일을 다운로드 받고 메인 메뉴 [File > Import Settings...]에서 jar 파일을 불러들이면 사용자 테마가 적용됩니다. Solarized Light, Classic Eclipse 등 많은 테마들이 있고 Obsidian도 인기가 높습니다. [File > Export Settings...]에서는 사용자 테마뿐만 아니라 [Settings] 대화 창의 설정들도 jar 파일로 저장해 놓을 수 있습니다.

이 테마들은 에디터와 콘솔의 배경색, 글자색만 설정되어 있기 때문에 나머지 트리 뷰(Tree Views)들의 색깔은 바뀌지 않습니다. 사용자 테마의 색깔을 전체에 적용하려면 플러그인을 설치해야 합니다.

[Settings] 대화 창에서 Plugins를 클릭하면 안드로이드 스튜디오에 설치되어 있는 플러그인 목록들이 나타납니다. 아래쪽 중앙에 있는 [Browse Repositories...]를 클릭하면 설치 가능한 사용자 플러그인 목록이 나열됩니다. 이 플러그인들은 안드로이드 스튜디오를 비롯해 젯브레인스 IDE에 설치할 수 있습니다.

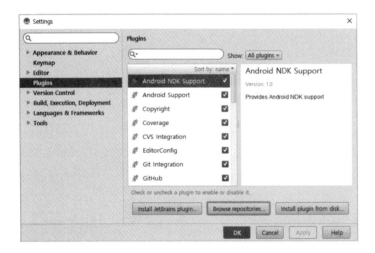

목록에서 Color Ide를 찾습니다. 위쪽 돋보기 박스에서 글자를 입력하면 쉽게 찾을 수 있습니다. Color Ide 플러그인에는 "에디터의 배경색을 모든 트리 뷰에 적용한다"라는 간단한 설명이 나와 있습니다.

초록색 [Install] 버튼을 클릭하고 안드로이드 스튜디오를 다시 시작하면 나머지 툴 윈도우 전체의 배경색이 바뀌게 됩니다. 다시 원상태로 되돌리고 싶다면 이 플러그인을 제거하면 됩니다. 기본 플러그인과는 달리, 사용자가 임의로 설치한 플러그인에는 [Uninstall] 버튼이 마련되어 있습니다.

안드로이드 스튜디오에서 색깔 변경의 가장 상위에 UI 테마가 있습니다. 이것은 [Settings > Appearance & Behavior > Appearance]의 [UI Options | Theme]에서 설정합니다. Default, Darcula, Windows 세 가지가 있는데, 메인 메뉴라든지 아이콘 등은 세 가지 UI 테마로만 변경할 수 있습니다. 그래서 메뉴 등 UI는 밝은 색, 나머지는 어두운 색으로, 혹은 그 반대의 화면 구성도 가능합니다.

그리고 UI 테마 가운데 Default와 Darcula는 각각 에디터 테마가 있기 때문에 UI 테마를 Default나 Darcula로 바꾸면 에디터도 Default나 Darcula로 덮어씌워집니다. 따라서 배경의 밝고 어두움에 UI 테마를 먼저 설정한 후에 사용자 테마를 설정하지 않으면 사용자 테마를 다시 설정하는 번거로움이 발생할 수 있습니다.

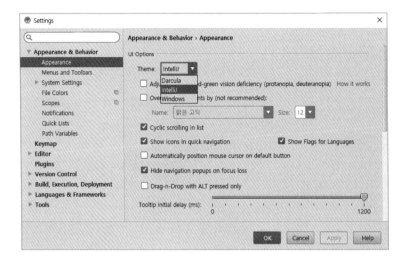

또 다른 유용한 플러그인으로 Dash가 있습니다. 맥 개발자들에게 아주 유명한 애플리케이션인 Dash를 안드로이드 스튜디오 내에서 직접 사용할 수 있도록 하는 플러그인입니다. 이것은 자바나 C++, 스위프트 같은 프로그래밍 언어나 스프링 프레임워크 등 개발과 관련된 온갖 API 도큐먼트들을 제공합니다. 물론 그레이들 관련 문서들도 포함되어 있습니다.

Dash는 모든 것을 한꺼번에 검색하기 때문에 다른 곳에서의 쓰임새까지 한눈에 살펴볼 수 있다는 것이 가장 큰 강점입니다. 그리고 거의 대부분의 IDE에도 플러그인이 제공되어 사용 범위가 안드로이드 스튜디오에 국한되지 않습니다. 윈도우 시스템에서는 구글 검색이나 스택오버플로우(stackoverflow.com) 연동이 빠졌다는 점에서 맥 버전에 비해 다소 떨어지긴 하지만 큰 불편은 없습니다.

안드로이드 스튜디오에 Dash 플러그인을 설치하면 메인 메뉴 [Tools] 아래에 [Search in Velocity]라는 항목이 새로 생깁니다. 클래스나 메서드 위에 커서를 올려놓고 Ctrl + Shift + D를 치면 검색이 됩니다. 하지만 윈도우 시스템에서 Dash를 사용하려면 그 전에 홈페이지(https://velocity.silverlakesoftware.com)에서 Velocity 애플리케이션을 다운로드 받아 설치해야 합니다.

Velocity를 처음 실행하는 것이라면 문서들을 다운로드 받으라는 메시지가 나타납니다. 홈페이지에는 약 150여 개 API 도큐먼트들을 제공하고 있다고 소개되어 있고, 무료 버전은 검색어가 표시되기까지 몇 초 정도가 소요됩니다.

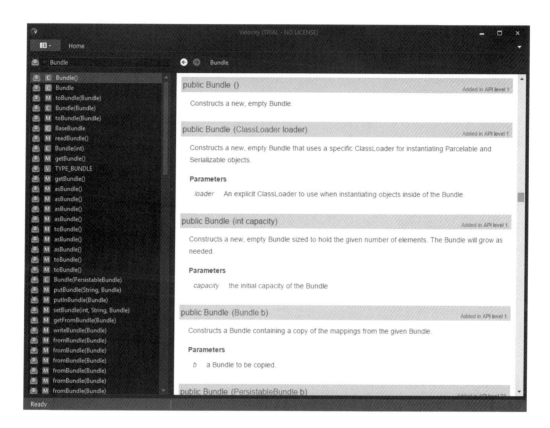

③ 안드로이드 SDK 매니저

SDK 매니저는 안드로이드 컴포넌트를 손쉽게 다운로드 받아 설치하는 도구입니다. 안드로이드 개발자가 가장 먼저 만나는 툴이자 가장 많이 사용하는 툴이기도 합니다. 안드로이드 SDK 업데이트와 컴포넌트의 추가는 SDK 매니저를 통해 이루어집니다.

안드로이드 SDK는 모듈 구조를 갖추고 있습니다. 다시 말해 SDK의 주요 컴포넌트들은 별개의 패키지로 묶여 있습니다. 따라서 사용자가 설치하는 패키지는 API 버전, 구글 맵 등 사용하고자 하는 서비스, 지원하는 디바이스에 따라 달라집니다.

이러한 모듈 구조는 두 가지 장점이 있는데, 불필요한 컴포넌트들을 다운로드 받아 디스크 공간을 낭비하는 것을 막을 수 있다는 점이 하나입니다. API 레벨, 각각의 플랫폼은 최소한 100MB의 디스크 공간을 차지하며 가상 디바이스 이미지까지 포함한다면 몇 GB에 달하게 됩니다. 그리고 프로젝트가 항상 최신 버전으로 빌드된다는 것이 또 다른 장점입니다.

메인 메뉴 [Tools > Android > SDK Manager]를 선택하면 [Settings] 대화 창이 나타납니다. 이 대화 창은 메인 메뉴 [File > Settings...]를 통해 들어갈 수 있지만, 대화 창 위쪽에 나타나 있는 것처럼 [Setting > Appearance & Behavior > System Settings > Android SDK] 설정의 상당히 깊숙한 곳에 위치해 있기 때문에 [File > Settings...]에서 찾아들어가는 것은 좋은 방법이 아닙니다.

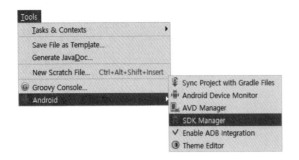

가장 많이 사용되는 것은 툴바의  아이콘입니다. 이것을 클릭해도 [Settings] 대화 창이 나타납니다.

[Settings] 대화 창의 오른쪽 아래에 있는 [Show Package Detail]에 체크를 하면 각 플랫폼의 컴포넌트들을 설치할 수 있습니다. 하지만 왼쪽 아래에 있는 [Launch Standalone SDK Manager]를 클릭해 SDK 매니저를 별개로 띄우는 것이 일반적입니다.

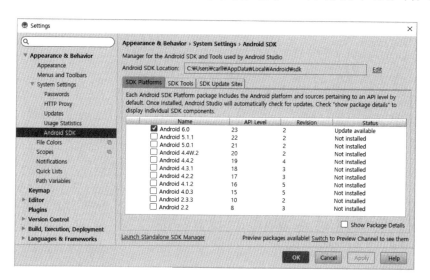

sdk₩tools를 PATH에 포함시켰다면 터미널 창에서 android라고 입력하는 것이 가장 효과적입니다. [Settings] 대화 창을 거치지 않고 SDK 매니저를 곧바로 부를 수 있기 때문입니다.

안드로이드 스튜디오를 설치한 뒤 IDE가 처음 시작할 때 최소한의 컴포넌트가 다운로드되어 설치되었습니다. 그것은 다음 화면과 같습니다. 아래쪽 [Show]에서 [Update/New]의 체크를 해제하면 화면이 정리됩니다. 이것만 설치되어도 넥서스 5 가상 디바이스에서 앱이 실행되는 데에는 전혀 문제가 없습니다.

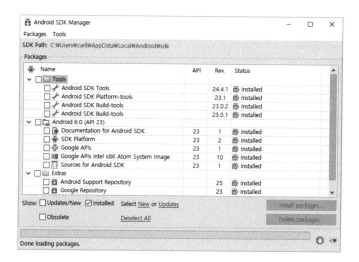

[Show > Update/New]에 다시 체크하고 가장 상위 API 레벨을 펼치면 SDK 매니저는 시스템 이미지 파일 7개의 설치를 권고하고 있습니다. 이 시스템 이미지 파일을 모두 설치하려면 10GB 이상의 디스크 공간이 필요합니다. TV나 Wear 앱을 개발할 것이 아니라면 굳이 설치할 필요가 없습니다. 폰과 태블릿의 앱 개발에는 Google API Intel x86 Atom System Image만 있으면 됩니다.

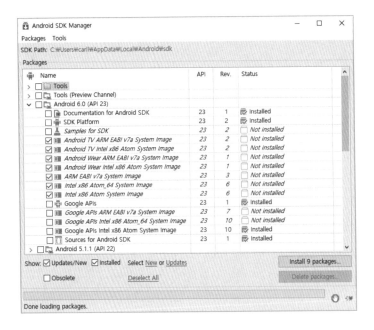

하지만 가장 아래 디렉터리인 Extras에서 다음 네 가지는 설치하는 것이 좋습니다.

● Android Support Repository : Android Wear, Android TV, Google Cast, 탐색 창, 보기 스와이프, 이전 버전 호환 동작 막대를 지원하기 위해 필요합니다.

● Google Play services : 사용자 인증, Google Maps, Google Cast, 게임 도전 과제 등을 지원하기 위해 필요합니다.

● Google USB Driver : 갤럭시 넥서스를 제외한 구글 넥서스 디바이스를 컴퓨터에 연결하기 위해 필요합니다. 다른 디바이스 제작사의 드라이버는 구글 개발자 페이지(http://developer.android.com/intl/ko/tools/extras/oem-usb.html)에 링크되어 있습니다.

● Intel x86 Emulator Accelerator (HAXM Installer) : 인텔 CPU 컴퓨터에서 가상 디바이스의 성능을 향상시켜 줍니다. 이것은 컴퓨터의 바이오스(Bios)에서 Intel Virtualization Technology가 enable이 되어 있지 않으면 설치되지 않습니다.

Android와 Intel은 라이선스 계약이 다르므로 라이선스의 동의 체크를 두 번 해 주어야 이들의 설치가 시작됩니다.

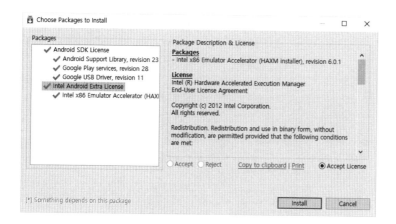

이미 설치되어 있는 컴포넌트에 업데이트할 사항이 있다면 Status에 Update Available...이라고 표시됩니다. 업데이트 항목에만 체크를 하면 오른쪽 아래의 [Install Package...] 버튼과 [Delete Package...] 버튼에 숫자가 표시되는데, [Install Package...] 버튼을 클릭하면 설치되어 있던 컴포넌트가 삭제되고 새로운 컴포넌트가 설치됩니다. [Delete Package...] 버튼을 클릭하면 컴포넌트의 삭제만 이루어집니다. 이 업데이트는 해주는 것이 좋습니다.

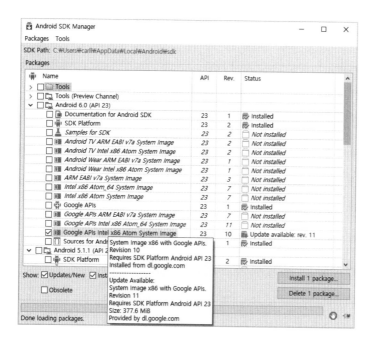

안드로이드 앱을 개발할 때 가장 많이 사용하는 컴포넌트가 Android SDK Build-tools입니다. 이것은 그레이들 빌드 시스템과 관계가 있습니다. SDK 매니저를 보면 빌드 툴의 여러 버전이 있을 수 있습니다. 이것은 최상위 버전만 있으면 빌드를 하는 데 문제가 없습니다. 하지만 무턱대고 지워서는 곤란합니다. 이 빌드 툴을 사용하는 프로젝트가 있을 수 있기 때문입니다.

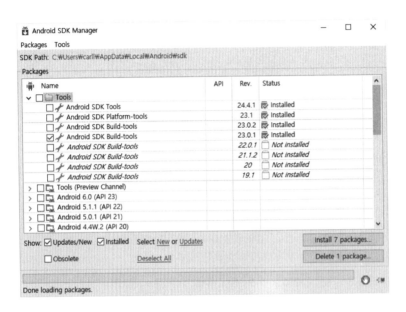

예를 들어 프로젝트에서 Android SDK Build-tools 버전 23.0.1을 사용하고 있음에도 불구하고 SDK 매니저에서 이것을 지워 버렸다면 안드로이드 스튜디오는 빌드 툴 23.0.1이 없다는 오류 메시지를 출력합니다. 메시지 창에서 파란색으로 표시된 [Install Build Tools revision 23.0.1 and sync project]를 클릭하면, 안드로이드 스튜디오는 자동으로 빌드 툴 23.0.1을 다운로드 받아서 오류를 없애 줍니다.

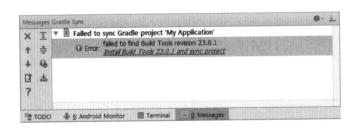

안드로이드 스튜디오에서 build.gradle을 엽니다. "Hello, World!" 프로젝트에서 build.gradle
은 두 개가 있는데, 이름 옆에 옅은 글자로 (Module: app)라고 적혀 있는 파일입니다.

방금 생성한 프로젝트도 빌드 툴이 최상위 버전이 아닌 경우가 종종 발생합니다. 그러므로
이전에 작업한 프로젝트는 최상위 버전의 빌드 툴이 사용하지 않은 경우가 보통입니다. 노란
색으로 표시되어 있는 버전 위에 마우스를 가져다대면, 빌드 툴이 과거 버전을 사용하고 있
으므로 새 버전을 사용하라는 메시지가 팝업으로 나타납니다.

```
ⓒ MainActivity.java ×    ⓒ app ×    content_main.xml ×

apply plugin: 'com.android.application'

android {
        compileSdkVersion 23
  💡    buildToolsVersion "23.0.1"

  Old buildToolsVersion 23.0.1; recommended version is 23.0.2 or later more... (Ctrl+F1)

        applicationId "com.example.carll.myapplication"
        minSdkVersion 15
        targetSdkVersion 23
        versionCode 1
        versionName "1.0"
    }
```

커서를 빌드 툴의 버전에 옮긴 다음에 Alt + Enter를 치면 아래에 메뉴가 나옵니다.
"Change to 23.0.2"를 선택하면 안드로이드 스튜디오는 build.gradle 파일의 내용을 바꿉
니다. Alt + Enter는 [인텐션 액션](Intention Actions) 단축키입니다.

인텐션 액션이란 사용자가 정의되지 않은 메서드를 사용했다든지, 불러오지 않은 클래스를
사용하면 안드로이드 스튜디오가 코드를 분석해 제시하는 해결책입니다. 문법 오류를 일으
키는 것은 빨간색 전구, 오류는 아니지만 더 나은 코드를 제시할 때에는 노란색 전구로 인텐
션 액션을 표시합니다.

한 가지 특이한 점으로 안드로이드 스튜디오는 파일을 자동으로 저장합니다. 그래서 Save
(저장하기)가 없습니다. Save All(단축키 Ctrl + S)만 있습니다. 이것도 딱히 필요는 없는데
습관적으로 Ctrl + S를 눌러야 안심하는 사용자들을 위한 단축키인 듯싶습니다. 이전 상태
로 되돌리려면 Undo(되돌리기)를 하거나 로컬 히스토리(Local History)를 사용합니다. Git
과 같은 버전 관리 시스템(Version Control System)을 쓴다면 더욱 좋습니다. 안드로이드
스튜디오의 GitHub 통합은 매우 뛰어납니다.

커서를 빌드 툴의 버전에 옮기고 마우스를 살짝 움직이면 맨 앞에 노란 전구 아이콘이 나타납니다. 이 전구를 클릭해도 빌드 툴의 버전을 바꿀 수 있습니다.

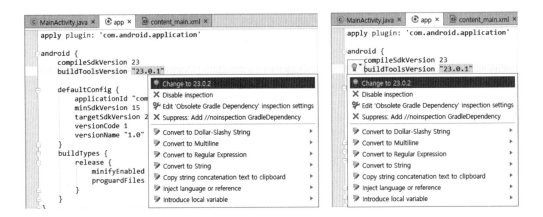

build.gradle 파일에 있는 빌드 스크립트에 수정이 가해지면 안드로이드 스튜디오는 수정 사항을 프로젝트에 바로 반영할 것인지 묻습니다. 화면 오른쪽의 [Syn Now]를 클릭하면 새로 빌드를 시작합니다.

```
MainActivity.java ×    app ×    content_main.xml ×
Gradle files have changed since last project sync. A project sync may be necessary for the IDE to work properly.    Sync Now
apply plugin: 'com.android.application'

android {
    compileSdkVersion 23
    buildToolsVersion "23.0.2"

    defaultConfig {
        applicationId "com.example.carll.myapplication"
        minSdkVersion 15
        targetSdkVersion 23
        versionCode 1
        versionName "1.0"
    }
    buildTypes {
        release {
            minifyEnabled false
            proguardFiles getDefaultProguardFile('proguard-android.txt'), 'proguard-rules.pro'
        }
    }
}
```

툴바에 있는 그레이들(🎣) 아이콘도 [Syn Now] 버튼과 똑같은 기능을 수행합니다. 메인 메뉴에도 [Tools > Android > Sync Project with Gradle Files]가 있습니다.

build.gradle 파일에서가 아니라 메인 메뉴 [Files > Project Structure...]에서도 빌드 툴을 바꿀 수 있습니다. 툴바에서는 그레이들 바로 왼쪽에 있는 아이콘입니다.

이 아이콘을 누르면 [Project Structure] 대화 창이 나타납니다. 왼쪽 박스의 맨 아래에서 [app]를 선택하고 오른쪽의 [Properties] 탭의 [Build Tools Version]에서 빌드 툴의 버전을 선택한 뒤에 [OK] 버튼을 누르면 빌드 툴의 버전을 바꾸어 주고, 여기에 맞춰서 build.gradle 파일의 내용도 자동으로 수정됩니다.

Chapter
03
Hello, Gradle!

안드로이드 스튜디오의 도구들은 윈도우, 즉 창으로 구성되어 있습니다. 제한된 화면 공간을 효율적으로 이용하기 위해 일부만 화면에 나타나도록 설정되어 있습니다. 사용자의 작업을 IDE가 감지해 해당 창이 나타나도록 하는 구조입니다. 이것을 툴 윈도우(Tool Window)라고 부릅니다. 툴바가 툴(Tool)을 바(Bar), 즉 막대 형태로 늘어놓은 것이라면, 툴을 창 형태로 만들어 놓은 것이 툴 윈도우입니다.

안드로이드 스튜디오에는 많은 툴 윈도우가 있습니다. 툴 윈도우는 터미널(Terminal) 같은 매우 간단한 것부터 Git 등 VCS의 모든 기능을 담아 놓은 버전 관리(Version Control)까지 다양합니다. 툴 윈도우는 IDE와 독립된 프로그램이라고 보아도 무방한데, 따라서 안드로이드 스튜디오에서 터미널, 버전 컨트롤 툴 윈도우를 이용하려면 IDE보다는 터미널과 VCS 자체에 대해 알아야 합니다.

이번 장에서는 그레이들과 관련된 여러 가지 툴 윈도우에 대해서 다룹니다. 먼저 툴 윈도우의 전반적인 기능에 관해 개괄하고, 안드로이드 스튜디오 IDE에서 내비게이션의 중심인 프로젝트 툴 윈도우의 핵심 기능을 살펴봅니다. 그런 다음 스트럭처 툴 윈도우, 즐겨찾기 툴 윈도우, TODO 툴 윈도우, 그레이들 툴 윈도우, 그레이들 콘솔, 빌드 배리언트 툴 윈도우 등에 대해 간단히 알아보겠습니다.

메인 메뉴 / 툴 바 / 내비게이션 바 / 상태 바

안드로이드 스튜디오도 다른 IDE처럼 가장 위쪽에 메인 메뉴가 위치해 있고 그 아래에 툴바가 있습니다.

File Edit View Navigate Code Analyze Refactor Build Run Tools VCS Window Help

MyFirstNote › app › src › main › java › com › example › carll › myfirstnote › MainActivity

툴바는 가장 많이 사용되는 툴들을 아이콘 버튼 형태로 늘어놓은 것입니다. 아이콘 버튼 위에 마우스를 올려놓으면 이 툴에 대한 설명, 즉 툴팁(Tooltip)이 나타납니다. 툴에 대한 간략한 설명이며 이 툴을 실행하는 단축키가 그 옆에 표시되어 있습니다.

Save All (Ctrl+S) · app › src › main › java

Open(열기), Save All(모두 저장하기), Cut(오려두기), Copy(복사하기), Paste(붙이기), Find(찾기), Replace(바꾸기), Back(이전으로 가기), Forward(앞으로 가기) 등은 텍스트 에디터라면 으레 있기 마련인 아이콘입니다.

안드로이드 스튜디오는 자동으로 파일을 저장합니다. 조금 위험해 보이기는 하지만 파일을 이전 상태로 되돌리려면 Undo(되돌리기)를 하거나 로컬 히스토리(Local History) 기능을 이용하면 됩니다. 유일한 단점은 다른 텍스트 에디터를 쓸 때에도 저장을 안 하는 습관이 생긴다는 것인데, 평소처럼 그냥 생각날 때마다 Ctrl + S를 누르면 크게 문제 될 것이 없습니다.

툴바의 오른쪽 항목들은 안드로이드만을 위한 아이콘입니다. 그 중에서도 Run(실행하기) 아이콘이 가장 많이 쓰입니다.

Run 'app' (Shift+F10) · com | myfirstnote › MainActivity

툴바 아래에는 내비게이션 바가 있습니다. 이것은 현재 열려 있는 파일이 어디에 위치해 있는지 프로젝트 루트 폴더부터 추적합니다.

툴바와 내비게이션 바는 안 보이게 감출 수 있습니다. 메인 메뉴 [View]에서 해당 항목의 체크 마크를 없애면 해당 항목이 사라집니다. 이것을 다시 클릭하면 체크 마크가 생기고 바(Bar)가 다시 나타납니다.

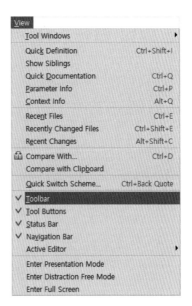

툴바를 감추면 오른쪽 안드로이드 아이콘들이 내비게이션 바(Bar)로 이동합니다. 이 아이콘들은 안드로이드 스튜디오에서 일반 툴바 아이콘들과는 다르게 취급합니다. 내비게이션 바까지 감추어야 이 아이콘들이 비로소 사라집니다. 어쨌거나 이것들은 안드로이드 스튜디오에서 가장 많이 사용하는 버튼들입니다.

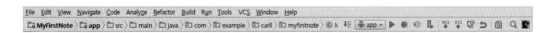

메인 메뉴 [View > Toolbar | Tool Buttons | Status Bar | Navigation Bar]는 해당 항목들을 보이게 하거나 사라지게 하는 토글스위치입니다. [Status Bar]는 IDE의 맨 아래에서 현재 상태를 표시하는 막대입니다. [Tool Buttons]는 툴 윈도우의 탭 버튼들입니다.

[View] 메뉴에는 메인 메뉴를 사라지게 하는 항목은 없습니다. 하지만 [View] 메뉴의 아래 항목들은 그와 비슷한 일을 수행합니다. [Enter Presentation Mode]를 선택하면 텍스트가 커지면서 메인 메뉴를 비롯한 모든 막대들이 사라집니다. 마우스를 화면 위쪽으로 올리면 메인 메뉴가 다시 나타나는데, 거기에서 [Exit Presentation Mode]를 선택하면 일반 화면으로 되돌아갑니다.

[Enter Full Screen]을 선택하면 전체 화면으로 바뀌면서 메인 메뉴만 없어집니다. 마우스를 위쪽으로 올리면 메인 메뉴와 함께 오른쪽에 시계와 축소 아이콘이 나타납니다. 이때 축소 아이콘을 누르면 원래 상태로 돌아갑니다.

[Distraction Free Mode](방해물 제거 모드)는 집중에 방해되는 것들을 제거합니다. 이 모드에서는 메인 메뉴를 제외한 나머지 것들이 모두 사라집니다.

안드로이드 스튜디오의 맨 아래에 위치해 있는 [Status bar](상태 바)에는 파일이나 IDE 상태 등에 대한 정보가 표시됩니다. 메인 메뉴나 서브 메뉴에서 항목을 선택하면 항목에 대한 간단한 설명이 여기에 나타납니다. 새로운 프로젝트를 만들거나 이미 작성한 프로젝트를 불러올 때 그 과정이 진행 막대와 함께 나타납니다.

상태 바가 보여 주는 메시지 가운데 클릭이 가능한 것도 있습니다. 이 중요 정보를 "이벤트"(Event)라고 하는데, 이벤트 로그에 기록됩니다.

또 현재 작성하고 있는 파일의 라인 번호, 칼럼 번호, 줄 바꿈 타입, 문자 인코딩 등도 상태 바에 표시됩니다. 줄 바꿈 문자 타입, 문자 인코딩은 이곳에서 간단히 수정할 수도 있습니다. 예를 들어 다음 화면의 에디터 윈도우에서는 onCreate가 선택되어 있습니다. 22:28/8은 현재 위치가 22라인(줄), 28칼럼(열)임을 알려줍니다. 8은 여덟 개의 글자가 선택되어 있다는 뜻입니다.

```
15   public class MyActivity extends Activity {
16       private static final String TAG = "MyActivity";
17
18       private TextView textView;
19       private EditText editText;
20
21       @Override
22       protected void onCreate(Bundle savedInstanceState) {
23           super.onCreate(savedInstanceState);
24           setContentView(R.layout.activity_my);
25
26           Log.d(TAG, "onCreate");
27           textView = (TextView) findViewById(R.id.text_view);
28           editText = (EditText) findViewById(R.id.edit_text);
```

[22:28/8]을 클릭하면 [Go to Line] 창이 나타납니다. 여기에 숫자를 입력하면 다른 라인으로 이동할 수 있습니다. [Go to Line] 창을 부르는 단축키는 Ctrl + G입니다. 메인 메뉴 [Navigate > Line...]을 선택해도 [Go to Line] 창이 나타납니다.

줄 바꿈 문자(Line Separator)는 텍스트의 한 줄이 끝남을 표시하는 문자입니다. 이것은 운영 체제에 따라 다릅니다. 윈도우에서는 CRLF(Carriage Return Line Feed), 유닉스에서는 LF(Line Feed)입니다. 맥 OS은 버전 9까지 CR(Carriage Return)을 썼지만 OSX로 전환하고부터는 LF를 쓰고 있습니다. 윈도우 시스템이라면 CRLF가 선택되어 있습니다.

문자 인코딩은 소스 파일에 사용되는 텍스트 포맷(Text Format)입니다. 기본값은 UTF-8입니다. Git 등 버전 관리 시스템을 이용한다면 문자 인코딩 옆에 Git 정보가 표시됩니다.

Git 정보에서 간단한 클릭으로 브랜치(branch)를 이동할 수 있습니다. 말하자면 Git의 브랜치를 이동하면 프로젝트의 시작부터 최종 마무리까지의 진행 과정을 디바이스에서 한눈에 확인하는 것이 가능합니다.

그 옆에 있는 자물쇠 아이콘은 파일의 read/write와 read-only의 토글스위치입니다. 자물쇠가 잠겨 있으면 이 파일은 오직 읽기만 가능합니다. 자물쇠가 풀려 있으면 파일을 읽고 쓸 수 있습니다.

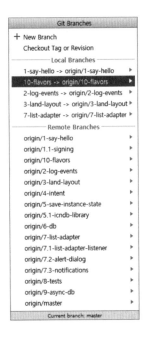

자물쇠 아이콘 옆에는 모자를 쓴 얼굴 아이콘이 표시되어 있습니다. 이것을 클릭하면 [Highlighting Level](하이라이트 레벨) 창이 나타납니다. 거기에 [None] – [Syntax] – [Inspections]라는 슬라이더가 있습니다.

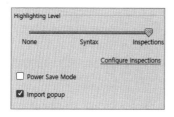

안드로이드 스튜디오는 끊임없이 우리의 코드를 살펴봅니다. 힌트를 주기도 하고 오류가 있으면 지적해 줍니다. 이것을 코드 검사(Code Inspection)라고 하는데, 하이라이트 레벨은 이 코드 검사를 어느 수준으로 할 것인지를 결정합니다.

기본값은 검사(Inspections)입니다. 이것을 선택하면 아이콘의 얼굴이 굳어집니다. 이 세팅은 문법 오류(Syntax Errors)는 물론이고 경고(Warnings)까지도 나타냅니다. 오류와 경고는 에디터 윈도우의 오른쪽 스크롤 바에 표시됩니다.

다음 수준은 문법(Syntax)입니다. 이것을 선택하면 아이콘의 얼굴이 반쯤 고개를 돌립니다. 경고는 무시하고 컴파일할 때 문제가 있는 문법 오류만을 지적하는 코드 검사입니다.

마지막 하이라이트 레벨은 없음(None)입니다. 이 단계에서는 아이콘이 웃는 얼굴로 바뀝니다. 아무 것도 신경 쓰지 않겠다는 표정입니다. 이 모드에서는 아주 심각한 문법 오류도 무시됩니다.

② 툴 윈도우

툴 윈도우는 실제 코딩을 하는 에디터 윈도우를 빙 둘러 감싸고 있습니다. 툴 윈도우 제목이 적혀 있는 탭을 툴 버튼(Tool Button)이라고 합니다. 중요한 툴 버튼에는 번호가 붙어 있습니다. 이 번호를 Atl 키와 동시에 누르면 해당 툴 윈도우가 활성화됩니다. Alt + 번호를 다시 누르면 툴 윈도우가 닫힙니다.

툴 버튼들은 네 모서리에 자리 잡고 있습니다. 예를 들어 Project와 Structure 툴 원도우의 기본 자리는 왼쪽 위 모서리입니다. Project와 Structure 툴 원도우는 공간을 공유하고 있기 때문에 동시에 활성화될 수 없습니다. Project와 Structure 툴 원도우가 동시에 화면에 나타나도록 하려면 둘 중의 하나가 다른 모서리로 이동해야 합니다. 툴 버튼을 마우스로 잡아끌면 툴 원도우가 이동합니다.

상태 바(Status Bar) 가장 왼쪽에 있는 사각 모양은 자주 쓰이는 버튼입니다. 여기에 마우스를 살짝 올리면 툴 원도우 목록이 나타납니다. 버튼 위에 마우스를 살짝 올리는 것을 마우스 호버(hover, 허공을 맴돌다)라고 합니다. 마우스 클릭과는 다릅니다. 네모 버튼을 마우스 클릭하면 툴 원도우의 툴 버튼들이 모두 사라집니다. 그러면 공간을 더 쓸 수 있습니다.

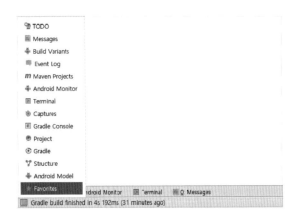

활성화된 툴 원도우 위에 있는 막대를 타이틀 바(Title Bar)라고 부릅니다. 이것을 더블클릭하면 툴 원도우가 화면 가득 메워집니다. 다시 타이틀 바를 더블클릭하면 원래 상태로 되돌아갑니다. 맞은편에 다른 툴 원도우가 활성화되어 있으면 거기까지만 확대됩니다. 가운데에 있는 에디터 창만 덮어 버립니다.

툴 원도우 막대의 가장 오른쪽에 있는 화살표 아이콘을 클릭하면 툴 원도우가 비활성화됩니다. 아이콘의 화살표도 왼쪽을 가리키고 있습니다. 오른쪽에 있는 툴 원도우들은 화살표가 오른쪽을 가리키고 있습니다.

콘텍스트 메뉴(Context Menu)는 마우스 오른쪽 버튼을 클릭할 때 나타나는 메뉴입니다. 콘텍스트(Context), 즉 상황이나 맥락에 따라 메뉴 항목들이 다르게 나타납니다. 툴 버튼 위 또는 툴 윈도우 막대 위에서 마우스 오른쪽 버튼 클릭하면 콘텍스트 메뉴가 나타납니다. 이 두 메뉴는 완전히 똑같지는 않지만 툴 윈도우를 설정한다는 공통점이 있습니다. 툴 윈도우 막대에 있는 기어 모양의 아이콘을 클릭해도 툴 윈도우의 설정을 바꾸는 비슷한 항목들이 나타납니다.

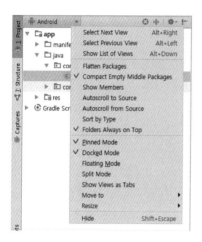

모든 툴 윈도우에 공통적으로 있는 것이 모드(Mode)입니다. 기본적으로 핀 모드와 독 모드에 체크되어 있습니다.

핀 모드(Pinned Mode)는 커서의 위치 등 포커스와 관계가 있습니다. 핀 모드에 체크가 되어 있지 않으면, 다시 말해 툴 윈도우에 핀을 박아 놓지 않으면, 포커스를 잃어버리는 즉시 툴 윈도우가 닫히게 됩니다. 커서가 해당 툴 윈도우에서 에디터 창이나 다른 곳으로 옮겨지면 창이 닫힙니다. 그래서 그러지 않도록 핀을 박아 두는 것이 기본값입니다.

독 모드(Docked Mode)에 체크가 되어 있으면 툴 윈도우는 일정한 공간을 차지합니다. 독(dock)은 영어로 "수리나 하역, 승하선을 위해 배를 부두에 대는 것"을 말합니다. 부두의 공간을 차지하고 있습니다. 그래서 툴 윈도우가 활성화될 때 그 공간만큼 중앙의 에디터 창을 밀어 냅니다.

독 모드가 해제되면 툴 윈도우는 공간을 차지하지 않습니다. 중앙의 에디터 창을 그대로 두고 그 위에 툴 윈도우가 덮어씌워지는 형태가 됩니다. 툴 윈도우가 마치 서랍처럼 여닫혀지는데, 안드로이드 스튜디오는 여기에 약간의 애니메이션 효과를 가미해 놓았습니다.

플로팅 모드(Floating Mode)에 체크를 하면 IDE의 작업 공간에서 해방됩니다. 툴 버튼은 여전히 모서리에 자리하고 있지만 툴 윈도우는 화면 어디에든 가져다놓을 수 있습니다. 이것은 여러 모니터를 쓸 때 좋습니다. 툴 윈도우를 한쪽 모니터에 몰아넣고 다른 모니터에서 코딩에 집중할 수 있습니다.

플로팅 모드를 쓸 때에는 반드시 핀 모드에 체크해야 합니다. 그렇지 않으면 일부러 창을 따로 빼 놓았는데 포커스를 잃어버리는 순간, 창이 사라지는 불상사가 발생할 수 있습니다.

분할 모드(Split Mode)에 체크가 되면 다른 툴 윈도우와 화면을 나누어 씁니다. 좌우에 있는 툴 윈도우는 아래쪽 툴 윈도우에만 분할 모드에 체크가 되어 있습니다. 밑에 있는 툴 윈도우는 오른쪽에 있는 툴 윈도우에만 분할 모드가 체크되어 있습니다. 분할 모드에 체크가 되면 위쪽 툴 윈도우는 아래쪽으로 이동합니다.

아래쪽에 있는 툴 윈도우는 화면 공유가 기본이긴 하지만 어쨌거나 그것은 위쪽 툴 윈도우가 열려 있어서 공간을 점유하고 있을 경우입니다. 위쪽 툴 윈도우가 열려 있지 않거나 독 모드가 해제되어 공간을 차지하고 있지 않는 경우라면 아래쪽 툴 윈도우도 전체 공간을 사용합니다. 따라서 툴 윈도우의 화면 분할은 이루어지지 않습니다.

③ 프로젝트 툴 윈도우

프로젝트 툴 윈도우는 가장 유용한 내비게이션 도구입니다. 안드로이드 스튜디오는 여러 작업을 고려해 다양한 뷰(View)를 마련해 놓고 있습니다. 기본 8가지이며, 버전 관리 시스템을 쓰게 되면 거기에 [Change Files], [Default]가 추가됩니다. 무려 10가지입니다.

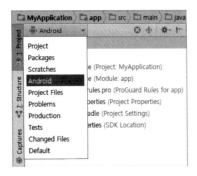

그래서 프로젝트 툴 윈도우는 [Show Views as Tabs](탭으로 보기)에 체크되어 있지 않습니다. 뷰(View) 보기가 기본값입니다. 다른 툴 윈도우들은 [Show Views as Tabs]에 체크가 되어 있어 탭(Tab) 보기가 기본입니다.

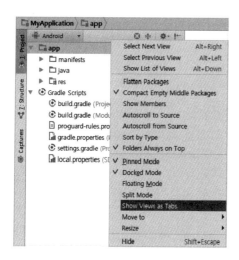

프로젝트 툴 윈도우의 설정 메뉴에서 [Show Views as Tabs]에 체크하면 드롭다운 뷰(View)가 옆으로 나란히 늘어선 탭(Tab)으로 바뀝니다. 화면이 모자라면 좌우 삼각 모양 아이콘이 생기고 이것을 클릭하면 항목들이 드롭다운됩니다.

가장 많이 쓰이는 뷰는 안드로이드(Android)와 프로젝트(Project)입니다. 기본값인 안드로이드 뷰는 작업에 꼭 필요한 디렉터리와 파일만 나타내고 나머지는 감춰 버립니다. 프로젝트 뷰로 전환하면 실제 디렉터리와 파일 구조를 보여 줍니다. 이 두 가지 뷰를 번갈아 바꾸면서 작업을 진행하는 것이 보통입니다.

프로젝트 툴 윈도우의 타이틀 바에는 오른쪽에 네 가지 아이콘이 있습니다. 이 중에서 [Scroll from Source](소스 코드에 맞춰 스크롤하기) 아이콘은 해당 파일의 위치를 찾을 때 매우 유용합니다. 예를 들어 build.gradle 파일을 에디터에 불러온 상태에서 이 아이콘을 클릭하면 프로젝트 툴 윈도우에서 이 파일의 위치로 스크롤됩니다. 옆의 아이콘은 [Collapse All](모두 접기) 아이콘입니다. 디렉터리 구조를 간단히 살필 때 유용합니다.

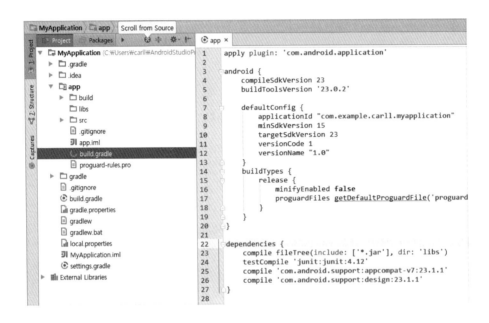

설정 메뉴에는 [Autoscroll from Source](소스 코드에 자동 스크롤하기)라는 항목이 있습니다. 여기에 체크가 되어 있으면 프로젝트 툴 윈도우의 위치가 에디터에서 포커스되는 파일로 자동 스크롤됩니다. 타이틀 바의 Scroll from Source 아이콘을 클릭할 필요가 없습니다.

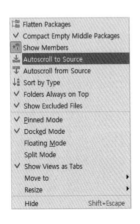

그래서 안드로이드 스튜디오에서는 Autoscroll from Source에 체크되면 타이틀 바에서 Scroll from Source 아이콘이 사라집니다.

[Autoscroll to Source]는 정반대입니다. 프로젝트 툴 윈도우의 스크롤에 맞춰 에디터에 소스 코드를 보이게 합니다. 프로젝트 툴 윈도우에서 선택만 해도 파일이 열립니다. 여기에 체크되어 있지 않으면 더블클릭해야 해당 파일을 열지만, Autoscroll to Source에 체크하면 클릭이나 항목 이동만으로도 파일이 열리게 됩니다.

이밖에도 프로젝트 툴 윈도우의 설정 메뉴에는 여러 가지 유용한 옵션들이 있습니다. [Flatten Package]는 디렉터리 구조를 트리(Tree) 구조가 아니라 편편하게 표현하는 옵션이고, [Compact Empty Middle Packages]는 패키지 디렉터리가 비어 있으면 축약해서 표현하는 옵션입니다. 디렉터리 사이마다 점(.)이 들어가는 것이 기본값이지만 여기의 체크를 해제하면 모든 디렉터리가 그대로 드러납니다. [Show Members]에 체크하여 프로젝트 툴 윈도우에서 필드나 메서드를 보이게 할 수 있습니다.

프로젝트 툴 윈도우에서 마우스 오른쪽 버튼을 클릭하면 나타나는 콘텍스트 메뉴에는 안드로이드 스튜디오의 거의 모든 기능들이 망라되어 있다고 해도 과언이 아닙니다. 간단한 복사와 붙이기부터 코드 분석, 리팩토링, 디버깅, 버전 관리 시스템까지 사실상 없는 게 없습니다.

간단하면서도 쓰임새가 많은 것으로 [Copy Path]는 해당 파일의 절대 경로를 클립보드에 복사해 줍니다. [Copy Reference]는 상대 경로입니다. [File Path]는 해당 파일까지 디렉터리 블록을 쌓아 줍니다. 이 중 하나를 선택하면 파일 탐색기에서 해당 디렉터리가 열립니다.

[Show in Explorer](파일 탐색기에서 보이기)는 간편하게 파일 탐색기를 사용할 때 좋습니다. 선택한 폴더가 윈도우의 파일 탐색기에서 열립니다.

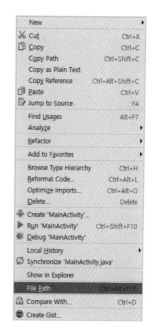

④ 스트럭처 툴 윈도우

프로젝트 툴 윈도우가 프로젝트, 모듈, 패키지 등의 파일 구조를 보여 준다면, 파일 안의 계층 구조를 나타내는 것이 스트럭처(Structure) 툴 윈도우입니다. 클래스의 필드나 메서드, 내부 클래스 등을 일목요연하게 보여 줍니다.

안드로이드 스튜디오는 스트럭처 툴 윈도우에 다양한 툴바 버튼들을 준비해 놓았습니다. 툴 윈도우도 창(윈도우)이기 때문에 타이틀 바 아래에 막대 형태로 나열된 툴들도 툴바라고 부릅니다. 스트럭처 툴 윈도우에서는 [Expand](펼치기)와 [Collapse](접기)가 중요하기 때문에 타이틀 바와 툴바 두 군데에 중복되어 나타나 있습니다.

타이틀 바 오른쪽에 있는 설정 아이콘 메뉴에서 [Show Toolbar](툴바 보이기)의 체크를 해제하면 [View Options](옵션 보기)가 나타납니다. 이것은 다른 툴 윈도우에는 없는 항목으로 툴바의 아이콘들을 글자로 표시하고 있습니다.

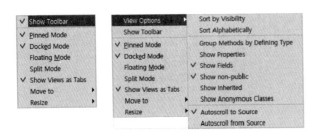

[Show Inherited](상속 보이기)에 체크하면 수많은 상속 메서드가 화면 가득 메워집니다. 이때 [Group Methods by Defining Type](정의된 타입으로 메서드 그룹 짓기)에 체크하면 한결 정리된 화면을 볼 수 있습니다.

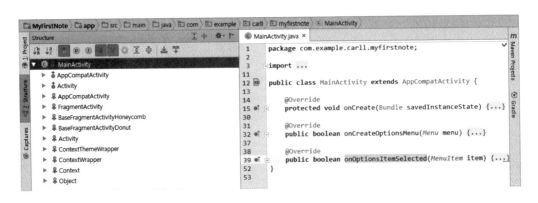

윈도우에 텍스트를 입력하면 곧바로 "간편 찾기" 모드로 들어가 입력한 글자가 들어간 항목들을 찾습니다. 스트럭처 툴 윈도우뿐만이 아니라 다른 툴 윈도우에서도 이런 방법으로 항목들을 찾을 수 있습니다.

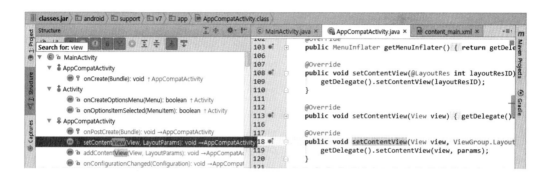

메인 메뉴 [Code > Override Method...]를 선택하면 나타나는 [Select Methods to Override](오버라이드 메서드 선택하기) 대화 창에서는 입력한 단어가 메서드들과 어느 정도나 일치하는지를 퍼센트로 표시하고 수치가 높은 순으로 나열합니다. "진화된 간편 찾기"라고 할 수 있습니다.

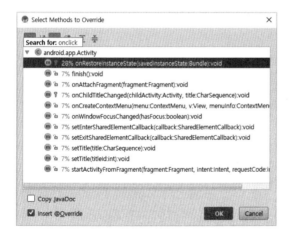

스트럭처 툴 윈도우가 보여 주는 계층 구조는 자바 파일에만 국한되지 않습니다. 빌드 파일인 build.gradle이나 안드로이드에서 디자인 요소를 담당하는 XML 파일의 계층 구조도 스트럭처 툴 윈도우에서 살펴볼 수 있습니다.

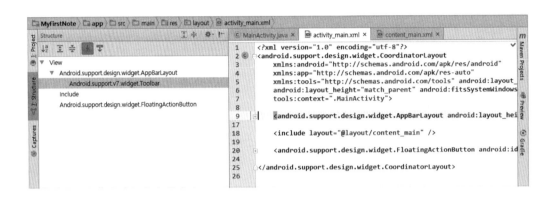

❺ 즐겨찾기 툴 윈도우

안드로이드 앱을 개발할 때에는 여러 관련 파일들이 있습니다. 제법 규모 있는 프로젝트라면 파일이 수백 개가 넘는 경우도 어렵잖게 찾아볼 수 있습니다. 이럴 경우 즐겨찾기 (Favorites) 툴 윈도우가 도움이 됩니다.

새로운 프로젝트를 시작할 때 안드로이드 스튜디오가 자동으로 생성해 주는 MainActivity.java, content_main.xml, menu_main.xml은 같은 화면을 구성하는 파일이지만 저장된 디렉터리는 제각각입니다. 이렇게 여러 폴더에 보관된 관련 파일들을 하나의 그룹으로 즐겨찾기 툴 윈도우에 등록해 관리하면 편리합니다.

먼저 새 파일을 에디터 윈도우에서 불러들입니다. 그리고 파일 이름이 표시된 에디터 탭에서 마우스 오른쪽 버튼을 클릭합니다. 이때 나타나는 콘텍스트 메뉴에서 [Add All To Favorites > Add All open Tabs To New Favorites List](열린 탭 모두를 즐겨찾기 새 목록에 추가하기)를 선택합니다.

그러면 새 즐겨찾기 목록 이름을 입력하라는 대화 창이 나타납니다. main이라고 입력하고 [OK] 버튼을 누릅니다. 그러면 즐겨찾기 툴 윈도우에 세 파일이 main이라는 그룹 이름으로 등록됩니다.

즐겨찾기 툴 윈도우의 툴바에는 +(추가), -(삭제) 그리고 편집(Edit) 버튼이 있습니다. 가운데 연필 아이콘이 편집 버튼입니다. 앞서 설명한 것처럼 설정 메뉴에서 [Show Toolbar](툴바 보이기)의 체크 마크를 해제하면 툴바 아이콘들이 사라집니다.

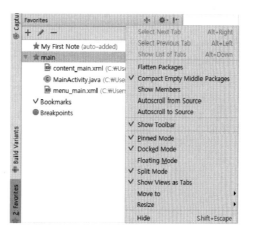

연필 아이콘을 클릭하면 [Rename](이름 바꾸기) 대화 창이 나타납니다.

화면에서 볼 수 있듯이 즐겨찾기 툴 윈도우에서는 즐겨찾기뿐만 아니라 북마크(Bookmarks)
와 브레이크포인트(Breakpoints)도 관리합니다. 즐겨찾기가 파일들을 그룹 짓는 것이라면,
북마크는 파일 안의 위치에 표시합니다.

북마크의 단축키는 F11입니다. 토글 스위치이므로 F11을 누르면 북마크가 생기고 한 번 더
누르면 북마크가 없어집니다. 메인 메뉴 [Navigation > Bookmarks > Toggle Bookmark]
를 선택해도 마찬가지입니다.

북마크에 기호를 넣을 수도 있습니다. 니모닉(mnemonic)은 영어로 "기억을 돕는 연상 기호"입니다. Ctrl + F11을 누르면 [Bookmark Mnemonic] 창이 나타납니다. 마우스로 이 중 하나를 클릭하면 V자 대신 이 기호가 해당 라인에 표시됩니다.

즐겨찾기 툴 윈도우에서 북마크 리스트 항목 끝에는 연하게 라인 번호가 적혀 있습니다. 북마크에 기호 코드를 썼더라도 지울 때는 그냥 F11만 눌러도 됩니다.

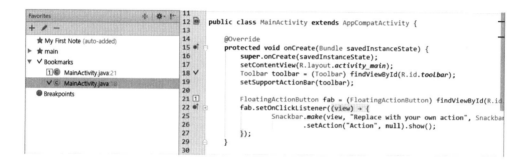

Shift + F11은 [Show Bookmarks](북마크 보기)의 단축키입니다. 이것을 누르면 [Bookmarks] 창이 나타나는데, 여기에도 연필 아이콘이 있습니다. 이것을 클릭하면 북마크에 설명을 붙일 수 있습니다. 즐겨찾기 툴 윈도우에서 북마크 리스트 항목을 선택한 뒤 연필 아이콘을 클릭해도 북마크에 설명을 달 수 있습니다.

브레이크포인트는 디버깅을 할 때 사용합니다. 북마크와 브레이크포인트는 파일 안의 위치, 즉 라인에 붙인다는 점에서 비슷하지만, 브레이크포인트는 자바 소스에만 붙일 수 있다는 점에서 차이가 있습니다. 디버깅은 프로그래밍 언어에서만 사용되기 때문입니다. 반면 북마크는 XML, 텍스트 등 어떤 파일에든 붙일 수 있습니다.

자바 파일의 라인에 브레이크포인트를 붙이는 방법은 더 없이 간단합니다. 라인 번호 옆을 마우스 클릭하면 됩니다. 그러면 연빨강 동그라미로 브레이크포인트가 표시됩니다. 이 동그라미를 다시 클릭하면 브레이크포인트가 사라집니다.
브레이크포인트의 항목에도 연필 아이콘이 사용 가능합니다. 해당 라인을 선택한 후 연필 아이콘을 클릭하면, 조건문이 달린 브레이크포인트 디버깅을 할 수 있습니다.

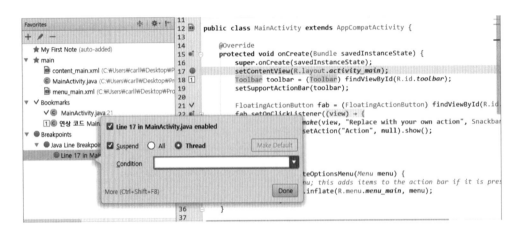

이처럼 즐겨찾기 툴 윈도우에서 연필 아이콘의 쓰임새는 즐겨찾기, 북마크, 브레이크포인트 제각각 다릅니다. 즐겨찾기에서는 그룹 이름을 달거나 바꾸기, 북마크에서는 북마크에 설명 붙이기, 브레이크포인트에서는 조건문 달기입니다.

TODO 툴 윈도우

TODO는 "할 일"을 뜻합니다. 아직 완료되지 않는 일이 남아 있음을 알리는 역할을 합니다. 따라서 TODO는 본질적으로 코멘트, 즉 주석 형태인데, 안드로이드 스튜디오에서는 이것을 쉽게 관리할 수 있습니다.

TODO는 주석을 붙일 때처럼 두 개의 슬래시(/) 뒤에 TODO라는 알파벳 대문자, 그리고 공란(space) 형식을 씁니다. 공란을 붙이지 않아도 안드로이드 스튜디오는 이게 TODO라는 것을 인식하지만 공란을 붙이는 게 보기에 좋습니다. 예를 들어 다음과 같이 쓰면 안드로이드 스튜디오는 자동으로 툴 윈도우에 TODO 목록에 포함시킵니다.

```
// TODO 1.4 기본화면 Toolbar
```

XML 파일에도 TODO를 붙일 수 있습니다. 이때는 슬래시가 아니라 XML의 주석 형식에 따라 <!-- TODO -->입니다. 예를 들어 다음 코드입니다.

```
<!-- TODO XML에도 TODO가 붙습니다 -->
```

TODO 툴 윈도우에서 해당 항목을 클릭하면 해당 파일을 불러와 TODO가 표시된 곳으로 이동합니다.

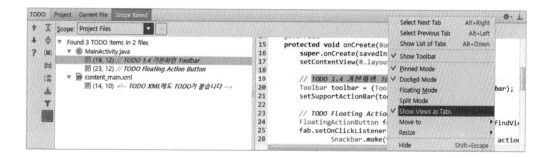

TODO 툴 윈도우의 기본 위치가 IDE 아래쪽이므로 툴바는 화면 왼쪽에 세로로 배열되어 있습니다. 물음표 아이콘을 클릭하면 IntelliJ IDEA 홈페이지의 TODO Tool Window로 안내됩니다. 이 페이지에서는 툴바 버튼, 콘텍스트 메뉴 명령, 그리고 타이틀 바 메뉴와 버튼에 대해 설명하고 있습니다.

콘텍스트 메뉴에는 세 가지 항목이 있습니다. [Jump to Source]는 "소스 코드로 바로가기"로 단축키가 F4입니다. 해당 항목을 마우스로 클릭해도 소스 코드로 갑니다. 로컬 히스토리(Local History)에서는 소스 코드의 변화를 추적하며, VCS(버전 관리 시스템)으로 Git을 선택했으면 콘텍스트 메뉴에 [Git]이 나타납니다.

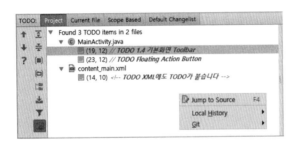

툴바 버튼, 즉 아이콘들을 살펴보면, 물음표 위에 위아래 화살표가 있습니다. 항목 이동 화살표입니다. 맨 위 항목에서는 위쪽 화살표가 활성화되지 않습니다. 그 옆에는 [Expand All](모두 펼치기), [Collapse All](모두 접기)이 있습니다.

그 아래에 있는 아이콘을 클릭하면 TODO를 모듈별 또는 패키지별로 모아 줍니다. 새로운 안드로이드 프로젝트를 시작하면 "app"라는 모듈을 자동으로 생성해 줍니다. 이후 다른 모듈을 추가로 더할 수 있습니다.

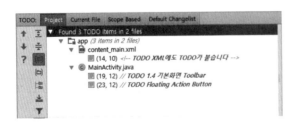

그 아래에 있는 아래쪽 화살표 아이콘은 [Autoscroll to Source]로서 툴 윈도우의 스크롤에 맞춰 자동으로 소스 코드가 보이게끔 합니다. 스트럭처 툴 윈도우에서와 같습니다.

그리고 필터 아이콘이 있고, 그 아래에 있는 것이 [Preview Source](소스 미리 보기)입니다. 이것을 클릭하면 TODO 툴 윈도우 오른쪽에 소스 코드가 나타납니다. 여기에서는 오로지 보기만 가능하고 편집은 할 수 없습니다.

TODO 툴 윈도우에는 여러 탭들이 있습니다. 그래서 설정 메뉴의 [Select Next Tab], [Select Next Tab], [Show List of Tabs]가 활성화되어 있음을 볼 수 있습니다. 툴 윈도우에 탭이 없다면 이 메뉴 항목들이 활성화되지 않아 연한 회색으로 표시됩니다. Alt를 누른 채 좌우 화살표를 누르면 탭 사이를 이동할 수 있습니다. 아래쪽 화살표를 누르면 탭 목록이 나타납니다.

툴 윈도우 설정 메뉴에서 [Show Views as Tabs](탭으로 보기) 체크 마크를 해제하면 옆으로 늘어서 있는 탭들이 드롭다운 메뉴로 바뀝니다. 설정 메뉴의 항목들도 탭에서 뷰(View)로 이름이 바뀝니다.

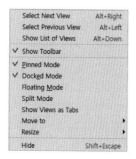

TODO 툴 윈도우의 기본값은 가로 탭입니다. TODO 툴 윈도우는 IDE의 아래쪽에 배치되므로 세로 뷰로 배치하는 것보다 탭으로 늘어놓는 것이 보기에 좋습니다.

7 그레이들 툴 윈도우

모든 툴 윈도우는 타이틀 바 오른쪽에 설정 아이콘과 닫기 아이콘이 있고 각각의 특성에 맞게끔 아이콘이 추가됩니다. 그리고 타이틀 바 아래의 툴바에는 툴 버튼들이 늘어서 있습니다.

타이틀 바의 아이콘이 툴 윈도우 자체에 대한 아이콘이라면, 툴바의 툴 버튼들은 툴 윈도우의 구체적인 기능에 대한 아이콘을 한데 모아놓았습니다. 좌우에 배치된 툴 윈도우에는 툴 버튼들이 타이틀 바 바로 아래에, 아래쪽 툴 윈도우에는 왼쪽에 툴 버튼들이 정리되어 있습니다.

그레이들 프로젝트(Gradle projects) 툴 윈도우의 툴 버튼들은 비교적 간단합니다. 마우스를 아이콘에 살짝 올리면 아이콘에 대한 설명이 나타납니다. 왼쪽부터 Refresh all Gradle projects, Attach Gradle project, Detach external project, Execute Gradle Task, Expand All, Collapse All, Toggle Offline Mode, Gradle Setting 등입니다. 이와 함께 IDE의 맨 아래에 있는 상태 바(Status bar)에는 이보다 자세한 설명이 나타납니다.

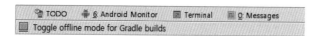

시작하면서 그레이들은 원격 리포지토리(repositories)를 확인해 업데이트 항목이 있는지 확인합니다. [Toggle Offline Mode]는 로컬 자원만 이용한다는 옵션입니다. [Toggle Offline Mode]를 클릭하고 오른쪽 옆에 있는 [Gradle Setting] 아이콘을 클릭하면 [Setting…] 대화 창의 [Gradle] 부분이 나타납니다. 여기에서 [Offline Work]에 체크되어 있는 것을 볼 수 있습니다. 토글(toggle)은 온오프 스위치이므로 [Toggle Offline Mode]를 다시 클릭하면 [Offline Work]의 체크가 해제됩니다.

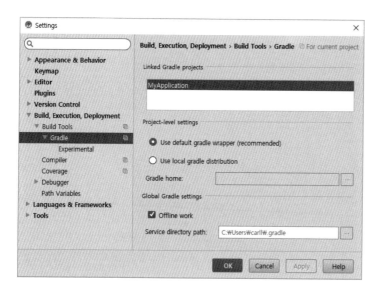

툴 버튼들 가운데 맨 앞에 있는 [Refresh all Gradle projects]가 가장 많이 쓰이는 아이콘입니다. 그레이들 툴 윈도우를 열었는데 윈도우에 아무 것도 없다면, 이 아이콘을 클릭해 내용을 나타나게 합니다.

[Execute Gradle Task]는 태스크 실행 아이콘입니다. [태스크](Task)는 그레이들 빌드 시스템의 기본 단위로, [Execute Gradle Task]를 클릭하면 [액션](Action)이 수행됩니다. 하지만 이 아이콘을 클릭하기보다는 툴 윈도우 안의 항목을 더블클릭하는 것이 더 자주 쓰입니다.

안드로이드 프로젝트에는 대단히 많은 태스크들이 있습니다. 이 중에서 프로젝트(projects) 태스크를 실행해 보겠습니다. 태스크들이 알파벳순으로 카테고리에 맞춰 폴더로 정리되어 있지만, 해당 태스크가 어디에 위치해 있는지 처음에는 찾기가 쉽지 않습니다.

[Expand All] 아이콘을 클릭해 모든 태스크들을 펼쳐 놓습니다. 그런 다음에 툴 윈도우에 "pro"라는 글자를 입력합니다. 스트럭처 툴 윈도우에서 설명했듯이 툴 윈도우에서 텍스트를 입력하면 해당 단어가 들어간 항목들을 찾습니다. 그레이들 툴 윈도우뿐만이 아니라 다른 툴 윈도우에서도 이 방법으로 텍스트를 찾을 수 있습니다.

projects는 안드로이드 애플리케이션의 프로젝트를 콘솔에 출력하는 태스크입니다. projects 태스크를 찾았으면 그것을 더블클릭합니다. 그러면 실행(Run) 툴 윈도우가 활성화되면서 태스크가 실행됩니다. 루트(Root)에 MyApplication, 그 아래에 :app라는 프로젝트가 있다는 것이 다른 메시지와 함께 출력됩니다.

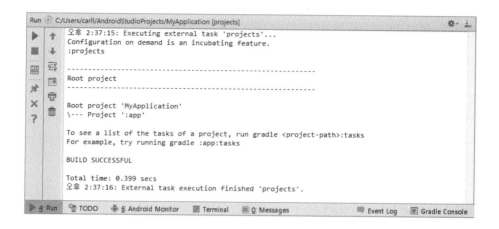

projects 태스크의 출력은 콘솔에도 나타납니다. 오른쪽의 그레이들 콘솔을 열면, 실행 (Run) 툴 윈도우와 같은 내용이 담겨 있습니다. 터미널에서도 태스크를 실행할 수 있습니다. 터미널에서 gradlew projects라고 적으면 마찬가지 내용이 터미널에 나타납니다.

```
C:\Users\carll\AndroidStudioProjects\MyApplication
\ gradlew projects
:projects

------------------------------------------------------------
Root project
------------------------------------------------------------

Root project 'MyApplication'
\--- Project ':app'

To see a list of the tasks of a project, run gradlew <project-path>:tasks
For example, try running gradlew :app:tasks

BUILD SUCCESSFUL

Total time: 4.346 secs
C:\Users\carll\AndroidStudioProjects\MyApplication
\ |
```

툴 윈도우 안에서 마우스 오른쪽 버튼을 클릭하면 콘텍스트 메뉴가 나타납니다. 이 가운데 [Open Gradle config]는 build.gradle 파일을 열 때 사용합니다. [:app]에서는 app 폴더에 있는 build.gradle이, 그 밖에 다른 곳에서는 프로젝트 루트 폴더에 있는 build.gradle 파일 이 에디터 윈도우에 열립니다.

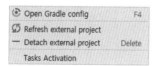

[Tasks Activation]에서는 Sync, Make, Rebuild 전후로 수행하는 태스크를 지정할 수 있습니다.

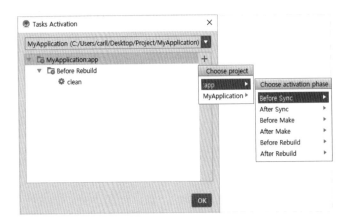

태스크를 선택한 뒤 마우스 오른쪽 버튼을 클릭하면 콘텍스트 메뉴에 태스크 실행에 관한 항목들이 나열됩니다. 콘텍스트 메뉴의 위쪽에는 Run/Debug의 설정과 실행 항목이 있습니다. 그리고 아래쪽 메뉴 항목에서는 Syn, Make, Rebuild 전후 해당 태스크의 실행 지점을 지정할 수 있습니다. 실행 지점에 체크되면 그레이들 툴 윈도우의 태스크 항목 옆에 옅은 글자로 그 지점이 괄호 안에 표시되고, [Tasks Activation]의 목록에 자동으로 추가됩니다.

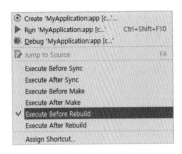

[Assign Short...]에서는 태스크의 실행 단축키를 설정합니다.

⑧ 그레이들 콘솔

태스크의 수행 결과가 기록되는 그레이들 콘솔(Gradle Console)은 툴바 버튼이 두 개뿐입니다. 툴바 버튼이 몇 개 없다면 툴 윈도우에서 하는 일이 별로 없다고 생각하기 쉽지만, 가장 많이 이용되는 프로젝트 툴 윈도우는 툴바 버튼이 전혀 없으므로 꼭 그런 것만은 아닌 것같습니다. 툴 윈도우가 밑에 위치해 있으므로 툴바 버튼은 왼쪽에 있습니다. Use Soft Wrap(소프트 랩 이용하기)과 Scroll to the End(끝으로 스크롤하기)입니다.

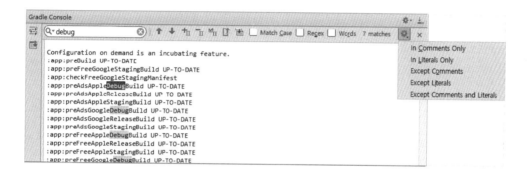

소프트 랩(Soft Wrap)은 라인 끝에 줄 바꿈 기호가 없더라도 정해진 너비를 넘어서면 텍스트가 자동으로 다음 라인에 표시되는 것을 말합니다. 줄이 바뀐 것처럼 보이지만 실제로 줄바꿈이 수행되는 것은 아니라서 원래 텍스트에는 변화가 없습니다. 이와 반대되는 것이 하드랩(Hard Wrap)입니다. 하드 랩에서는 줄 바꿈 기호가 있어야만 줄이 바뀝니다.

그레이들 콘솔에서 소프트 랩 버튼을 클릭해 활성화되면 텍스트가 화면 오른쪽 바깥으로 사라지지 않습니다. 따라서 아래쪽의 좌우 스크롤 막대가 필요 없습니다. 모든 텍스트가 화면안으로 들어옵니다. 소프트 랩이 활성화되면 안드로이드 스튜디오에서도 좌우 스크롤이 사라집니다. [Scroll to the End] 버튼을 누르면 텍스트 끝으로 화면이 이동합니다.

그레이들 콘솔에는 따로 툴바로 표시하지는 않았지만 찾기 기능이 있습니다. Ctrl + F 단축키를 이용해 빌드 내용을 상세히 살필 수 있는데 에디터 창에 있는 것과 똑같은 찾기(Find)입니다. "다음 찾기 / 다음 항목으로 이동하기"의 단축키인 F3도 가능합니다.

그레이드 콘솔은 콘텍스트 메뉴도 간단합니다. 휴지통 아이콘 Clear All를 클릭하면 툴 윈도우에 기록된 모든 메시지들이 삭제됩니다.

⑨ 빌드 배리언트 툴 윈도우

안드로이드에서는 무료, 유료, 광고 등 동일한 앱을 여러 가지 버전으로 배포할 수 있습니다. 또 개발 과정에서 디버그(debug), 릴리즈(release) 버전을 별도로 빌드할 수 있습니다. 전자를 [프로덕트 플레이버](Product Flavors), 후자를 [빌드 타입](Build Type)이라고 부릅니다. 빌드 타입과 프로덕트 플레이버의 조합이 [빌드 배리언트](Build Variants)인데, 빌드 배리언트 툴 윈도우는 이것을 관리합니다.

안드로이드 스튜디오는 새로운 프로젝트를 시작할 때 디버그(debug), 릴리즈(release) 빌드타입을 생성합니다. 그래서 빌드 배리언트 툴 윈도우의 Build Variants에 debug와 release가 있습니다. 이에 관해서는 "제8장 여러 가지 버전 생성하기"에서 자세히 다루도록 하겠습니다.

빌드 배리언트 툴 윈도우는 또 테스트를 관리하기도 합니다. 유닛 테스트(Unit Tests)와 안드로이드 기기 테스트(Android Instrumentation Tests)입니다. 안드로이드 애플리케이션이 최종적으로 실행되는 곳은 안드로이드 디바이스입니다. 유닛 테스트는 디바이스와는 별개로 자바 클래스의 로직을 테스트하는 것을 말합니다. 이에 비해 안드로이드 기기 테스트는 디바이스 UI 테스트입니다.

빌드 배리언트 툴 윈도우에서는 기본적으로 Android Instrumentation Tests에 맞추어져 있습니다. Test Artifact에서 Unit Tests를 선택하면 테스트 폴더가 바뀝니다. 이것은 프로젝트 툴 윈도우의 Android보다는 Project 뷰에서 더욱 명확하게 드러납니다.

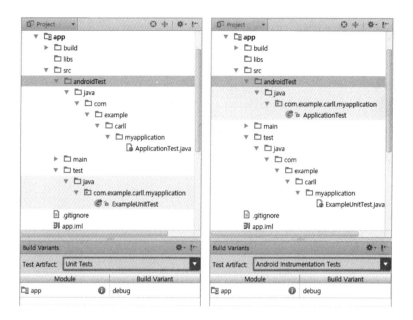

안드로이드 스튜디오가 새로운 프로젝트를 시작할 때 src 폴더 아래에 androidTest, main, test 폴더가 있습니다. androidTest가 안드로이드 기기 테스트 폴더, tests는 유닛 테스트 폴더입니다. Test Artifact에서 Unit Tests를 선택하면, 이 테스트가 활성화되었음이 java 폴더의 색깔 변경, 패키지 구조의 표시로써 나타납니다. 이에 관해서는 "제10장 유닛 테스트와 안드로이드 기기 테스트"에서 알아보겠습니다.

⑩ 이벤트 로그와 메시지

이벤트 로그(Event Log)에는 안드로이드 스튜디오에서 일어나는 중요한 이벤트 정보들이 기록됩니다. 이벤트 로그에는 모두 7개의 툴바 버튼이 있습니다. 아래부터 살펴보면 물음표 버튼은 젯브레인스 홈페이지 링크입니다. 그 위로 [Mark all as read](모두 읽은 것으로 표시하기), [Scroll to the End](끝으로 스크롤하기), [Use Soft Wrap](소프트 랩 이용하기)이 있습니다.

위에서 두 번째 버튼은 [Show balloons](풍선 보이기)입니다. 이 아이콘이 선택되어 있어야 알림(Notifications)을 받을 수 있습니다. 아이콘 선택이 해제되면 이벤트 로그에만 정보가 기록될 뿐, 그것을 보려면 이벤트 로그 툴 윈도우를 열어야만 합니다.

이벤트 로그 툴 윈도우에서 가장 위에 있는 버튼이 세팅(Settings)입니다. 이것을 클릭하면 알림을 설정하는 창이 나타납니다. 조금 복잡해 보이기는 하는데, 알림들을 그룹 지어 사용자에게 어떻게 보여 줄지를 체크합니다. 예컨대 [Platform and Plugin Updates](플랫폼과 플로그인 업데이트) 그룹은 고정 풍선(Sticky balloon)으로 표시되고 기록(Log)을 합니다.

사용자에게 어떻게 이벤트를 보여 줄지를 결정하는 것이 가운데에 있는 [Popup]입니다. 모두 네 가지가 있습니다. [Balloon](풍선)은 알림이 화면에 나타나긴 하지만 일정 시간이 지나면 자동으로 사라집니다. 이와 달리 [Sticky balloon](고정 풍선)은 사용자가 오른쪽 × 마크를 클릭해서 닫아야만 알림 풍선이 사라집니다. [Tool window balloon](툴 윈도우 풍선)은 관련된 툴 윈도우가 열려 있어야만 알림 풍선이 보입니다. 끝으로 [No popup](팝업 없음)은 알림을 하지 않습니다.

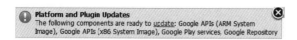

메시지 툴 윈도우의 정식 이름은 메시지 그레이들 빌드(Message Gradle Build)입니다. 툴바 버튼이 좀 많습니다. 모두 11개입니다. 단축키가 Alt + 0입니다. 번호 0이 무색하게 현재까지 제대로 작동이 되지 않습니다. 물음표 버튼도 링크가 안 됩니다.

제대로 동작하는 것은 물음표 아이콘 위에 있는 [Export to Text File](텍스트 파일로 빼내기), 필터 아이콘 위에 있는 [Show Console Output](콘솔 결과 보이기)뿐입니다. 하지만 필터에 나열되어 있는 항목으로 미루어 볼 때 앞으로 메시지 윈도우가 어떤 형태가 될지 가늠할 수 있을 것 같습니다.

AndroidStudio

Chapter
04
안드로이드 스튜디오의 다양한 편집 기능

안드로이드 스튜디오를 포함해 IDE에서 가장 중요한 것은 에디터 윈도우(Editor Window), 즉 편집 창입니다. 그런 만큼 가장 중앙에 위치하고 있는데, 에디터를 중심으로 메인 메뉴, 툴바, 상태 바, 툴 윈도우 등 툴들이 빙 둘러싼 형태로 배치되어 있습니다.

안드로이드 에디터 윈도우에서는 사실상 모든 파일이 열립니다. 수정은 할 수 없지만 이미지 파일도 열립니다. gif, jpg, png 등 웹 이미지 파일은 물론이고 포토샵 파일인 psd 포맷도 열립니다. 파일 탐색기 폴더에서 개별 파일을 에디터 윈도우로 끌어당겨서 열 수도 있고 프로젝트 툴 윈도우를 이용하면 폴더 전체를 끌어올 수도 있습니다.

이 장에서는 안드로이드 스튜디오의 다양한 편집 기능에 대해 알아봅니다. 안드로이드 스튜디오에서는 문법 인식 선택, 클립보드 히스토리, 로컬 히스토리, 코드 이동 등과 같은 여러 가지 고급 기능들을 제공하고 있습니다.

❶ 에디터 탭

에디터 윈도우의 가장 위쪽에 있는 것이 에디터 탭(Editor Tabs)입니다. 그런 만큼 탭의 역할은 중요합니다. 탭을 통해 어떤 파일이 열려 있는지 한눈에 파악하고, 화면 분할 등 탭만이 지닌 독특한 기능을 수행할 수 있습니다.

기본값으로 탭은 위쪽에 있지만 왼쪽, 오른쪽, 아래 등 위치를 바꿀 수 있습니다. 그리고 아예 탭을 없애 버릴 수도 있습니다. 메인 메뉴의 [Windows > Editor Tabs > Tabs Placement] 또는 탭 위에서 마우스 오른쪽 버튼을 클릭할 때 나타나는 콘텍스트 메뉴에서 설정을 바꿉니다.

여러 파일들이 열려 있을 때 Alt + 좌우 화살표는 탭 사이를 이동하는 단축키입니다. 메인 메뉴 [Windows > Editor Tabs > Open New Tabs At the End]에 체크하여 새로 여는 파일의 탭 위치를 맨 끝으로 보내는 것이 좋습니다. 그렇지 않으면 현재 활성화된 파일 뒤에 새로운 탭이 열려서 순서가 뒤죽박죽이 되기 십상입니다.

탭을 닫는 단축키는 Ctrl + F4이지만 주로 탭 타이틀 오른쪽에 있는 ×에 손이 많이 갑니다. 한꺼번에 탭을 닫는 옵션을 익혀 두면 정리가 쉬워집니다. 콘텍스트 메뉴의 [Close All]도 좋지만, 현재 활성화된 탭을 제외한 나머지만을 닫는 [Close Other]도 자주 사용됩니다. Alt 키를 누른 상태에서 타이틀의 ×를 클릭해도 됩니다. 열어서 참고한 파일들을 한꺼번에 닫을 때에는 [Close Unmodified](수정되지 않은 것 닫기)도 좋습니다.

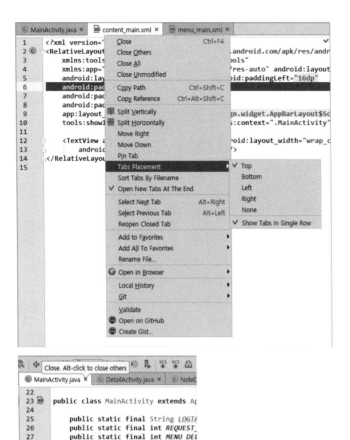

중요 파일의 탭에 핀을 박아 놓으면 다시 파일을 열어야 하는 불편함을 막을 수 있습니다. 콘텍스트 메뉴에서 [Pin Tab](탭에 핀 박기)을 선택하면, 탭의 타입 아이콘 옆에 핀이 박혀 다른 탭과 구별됩니다.

그러면 메뉴에는 [Close All but Pinned](핀 박힌 탭을 제외한 모두 닫기)라는 항목이 새로 생깁니다. [Pin Tab]이 있던 자리에는 [Unpin Tab](탭에서 핀 뽑기)이 들어가 있습니다.

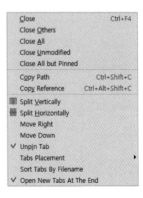

핀을 박은 탭은 특별대우를 받습니다. [Close All but Pinned](핀 박은 탭을 제외하고 모두 닫기)에 이 탭은 닫히지 않습니다. 한꺼번에 탭을 닫는 명령에도 닫히지 않고 오직 [Close All]에만 핀 박힌 탭이 닫힙니다. 타이틀의 ×를 누르면 핀 박힌 탭도 닫힙니다.

탭이 많아서 화면에서 사라졌을 때 나타나게 하는 방법은 메인 메뉴 [Window > Editor Tabs > Show Hidden Tabs](감춰진 탭 보이기)입니다. 탭들이 있는 라인의 끝을 클릭해도 감춰진 탭들이 목록으로 나타납니다. 탭 라인 끝에는 감춰진 탭들이 몇 개인지 숫자로 표시 되어 있습니다.

위 화면에는 에디터 윈도우에 나타나 있는 탭이 네 개, 감춰진 탭이 여섯 개로 합계 열 개입니다. 에디터 윈도우에서는 탭을 얼마든지 열 수 있습니다. 하지만 여기에는 조건이 붙습니다. 메인 메뉴 [Settings > Editor > Editor Tabs]에서 설정을 해야 합니다. 열 개가 기본값입니다.

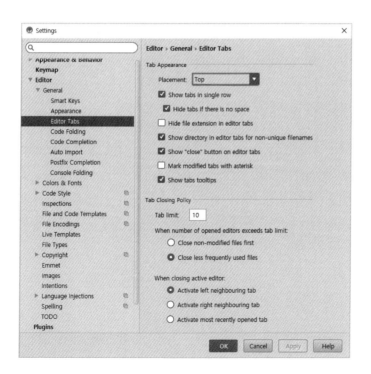

[Tab limit](탭 제한)에 적힌 10을 다른 숫자로 바꾸면 그 숫자만큼만 탭이 열립니다. 만일 탭의 개수가 탭 제한 숫자를 넘어선다면 파일이 열리지 않는 것이 아니라 덜 자주 사용하는 파일이 자동으로 닫힙니다. [Close less frequently used files]가 기본값으로 체크되어 있습니다. 또 에디터 윈도우 탭을 닫으면 그 왼쪽 탭이 활성화됩니다. 이것이 [Activate left neighbouring tab]입니다.

Settings 대화 창 위쪽 부분을 보면 [Show tabs tooltips](탭 툴팁 보이기)에 체크되어 있습니다. 툴팁이 눈에 거슬린다면 체크를 해제하면 됩니다. 안드로이드 스튜디오는 Settings에 실로 방대한 설정을 담아 놓았습니다. 기본 설정도 좋지만 Settings 항목들을 이해하게 되면 취향에 따라서 여러 가지로 바꿔 보는 것도 나쁘지 않습니다. 하지만 Settings 항목의 내용을 충분히 이해하기 전까지는 기본 설정값을 그대로 쓰는 것이 좋습니다.

이제 마지막으로 화면 분할에 대해 알아보겠습니다. 에디터 윈도우에서만 화면 분할이 이루어지므로 안드로이드 스튜디오에서는 메인 메뉴 [Windows > Editor Tabs] 또는 에디터 탭의 콘텍스트 메뉴에서 그것을 다루고 있습니다.

화면 분할도 탭의 개수처럼 제한이 없습니다. 필요한 만큼 나눠서 쓰면 됩니다. [Split Vertically](수직으로 분할하기), [Split Horizontally](수평으로 분할하기)를 선택해 마음 껏 화면을 나눌 수 있습니다. 화면이 분할되면 [Unsplit](분할하지 않기) 또는 [Unsplit All](모두 분할하지 않기) 항목이 새로 생깁니다. 이것을 선택하면 화면이 다시 합쳐집니다.

[Change Splitter Orientation](분할 방향 바꾸기)도 화면이 분할되면 새로 생기는 메뉴 항목이며, 이름 그대로 이것을 선택하면 수평 – 수직의 방향을 바꿉니다. 수직이면 수평으로, 수평이면 수직으로 화면 분할 방향이 바뀝니다.

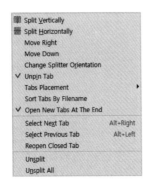

화면을 먼저 수직으로 나누고 다시 수평 – 수직 – 수평 순으로 네 번 나눈 것이 다음 화면입니다. 화면에서 볼 수 있듯이 분할된 화면에서 열린 파일은 모두 똑같이 DetailActivity.java입니다. 같은 파일이 분할된 화면에서 똑같이 열렸습니다. 한 곳에서 수정되면 다른 화면에서도 똑같이 바뀝니다.

안드로이드 스튜디오에서 이것을 그냥 "분할"(Split), "열기"(Open)라고 표현하고 있습니다. 이와 상대되는 것이 "Move"입니다. [Split Vertically], [Split Horizontally]는 똑같은 파일을 분할하여 열고, 그 아래에 있는 [Move Right], [Move Down]은 파일을 이동시킵니다.

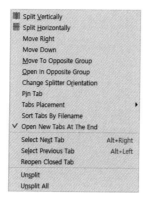

맞은편 분할 화면이 있다면 [Move To Opposite Group](맞은편 그룹으로 이동하기), [Open In Opposite Group](맞은편 그룹에서 열기) 항목이 새로 생기는데, 전자는 파일이 이동하고 후자는 똑같은 파일이 맞은편에서 열립니다.

 거터

거터(Gutter)는 우리말로 하면 "홈"입니다. 볼링에서 거터는 앨리의 양쪽에 나 있는 홈입니다. 하지만 "홈"이라고 하면 영어 홈(Home)과 헷갈릴 우려가 있어서 원어 그대로 거터라고 적겠습니다.

안드로이드 스튜디오에서 거터는 에디터 윈도우 왼쪽에 있는 세로 줄입니다. 여기에는 코드에 대한 각종 정보들이 표시되는데, 대표적으로 관련 파일, 컬러 정보 등을 들 수 있습니다. 컬러 정보가 담긴 XML 파일에서 거터에 표시된 네모를 클릭하면 컬러 팔레트가 화면에 나타납니다.

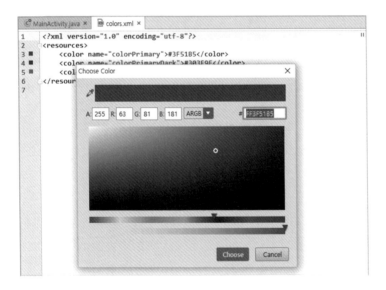

자바 파일에서는 관계된 파일 정보가 표시됩니다. 다음 화면에서 13번째 줄의 아이콘에 마우스를 올리면 툴팁에 "Related XML file"이라는 글자가 표시됩니다. 마우스로 아이콘을 클릭하면 관련 파일 목록이 나타납니다. MainActivity 클래스는 관련 파일이 두 가지입니다.

라인 16, 36, 43의 아이콘은 이 메서드가 오버라이드 메서드임을 표시합니다. 아이콘을 클릭하면 AppCompatActivity.java 파일이 열리며 해당 메서드로 이동합니다. 라인 47은 브레이크포인트(Breakpoint)를 표시하고 있습니다.

만일 버전 관리 시스템을 이용하고 있다면 파일을 수정할 경우 라인 51에서처럼 거터 오른쪽에 희미한 녹색 마크가 표시됩니다. 그것을 클릭하면 아이콘들이 담긴 네모 박스가 나타납니다. 위로 향하는 화살표가 활성화되어 있는 것은 라인 52 위에서 파일 수정이 있었음을 뜻합니다. 그것을 클릭하면 수정 부분으로 스크롤됩니다. 화살표가 희미한 회색으로 변해 비활성화된 것은 더 이상 수정 부분이 없음을 의미합니다.

거터에 마우스를 올리고 오른쪽 버튼을 클릭하면 역시 콘텍스트 메뉴가 나타납니다. 메뉴에는 라인 번호, 인덴트 가이드, 소프트 랩의 사용 여부를 체크하는 항목이 있습니다. 인덴트 가이드란 들여쓰기를 표시하는 가느다란 세로 선입니다. 거터의 콘텍스트 메뉴 항목은 메인 메뉴 [View > Active Editor]에서 설정할 수도 있습니다.

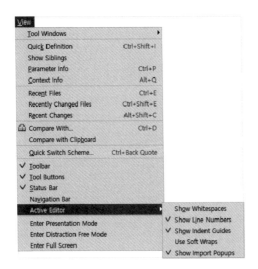

거터에는 코드 접기(code-folding) 아이콘이 있습니다. 거터에 마이너스 아이콘이 있다면 이것이 접혀질 수 있는 코드임을 의미합니다. 아이콘을 클릭하면 코드가 접히면서 아이콘이 플러스로 바뀝니다. 플러스 아이콘을 클릭하면 코드가 펼쳐집니다.

```java
15          @Override
16  ⊕≀    🔅 protected void onCreate(Bundle savedInstanceState) {
17              super.onCreate(savedInstanceState);
18              setContentView(R.layout.activity_main);
19
20              // TODO 1.4 기본화면 Toolbar
21              Toolbar toolbar = (Toolbar) findViewById(R.id.toolbar);
22              setSupportActionBar(toolbar);
23
24              // TODO Floating Action Button
25              FloatingActionButton fab = (FloatingActionButton) findViewById(R.id.fa
26  ⊕≀          fab.setOnClickListener((view) → {
29                  Snackbar.make(view, "Replace with your own action", Snackbar.L
30                      .setAction("Action", null).show();
31              });
33          }
34
```

코드를 접고 펼 때에는 마우스 클릭보다는 Ctrl + 숫자 마이너스(-), Ctrl + 숫자 플러스(+)가 애용됩니다. 여기에 Shift 키를 더하면 코드 전체 접기, 코드 전체 펼치기입니다.

또 코드가 접혀서 생략 기호(...)로 표시된 곳에 마우스를 가져다 대면 노랑 바탕의 팝업에 감춰진 코드가 나타납니다. 코드를 펼치지 않고도 코드 내용을 살필 수 있는 아주 유용한 방법입니다. 게다가 에디터 윈도우의 화면이 작을 때에는 왼쪽 툴 윈도우의 영역에까지 들어가 코드 전체를 보여 줍니다.

```
 Android           ⊗ ÷ | ✿· |·    MainActivity.java ×
▼ □ app                            1    package com.example.carll.myfirstnote;
  ▶ □ manifests                    2
  ▼ □ java                         3   import ...
    ▼  com.example.carll.myfirstnote   12
         DetailActivity            13   public class MainActivity extends AppCompatActivity {
         MainActivity              14
    ▶  com.example.carll.myfirstnote (android   15        @Override
  ▶  res                           16    protected void onCreate(Bundle savedInstanceState) {...}
▶  Gradle Scripts
                                  16   protected void onCreate(Bundle savedInstanceState) {
                                  17        super.onCreate(savedInstanceState);
                                  18        setContentView(R.layout.activity_main);
                                  19
                                  20        // TODO 1.4 기본화면 Toolbar
                                  21        Toolbar toolbar = (Toolbar) findViewById(R.id.toolbar);
                                  22        setSupportActionBar(toolbar);
                                  23
                                  24        // TODO Floating Action Button
                                  25        FloatingActionButton fab = (FloatingActionButton) findViewById(R.id.fab);
                                  26        fab.setOnClickListener(new View.OnClickListener() {
                                  27            @Override
                                  28            public void onClick(View view) {
                                  29                Snackbar.make(view, "Replace with your own action", Snackbar.LENGTH_LONG)
                                  30                        .setAction("Action", null).show();
                                  31            }
                                  32        });
                                  33    }
```

안드로이드 스튜디오에서는 메인 메뉴 [Code > Folding] 서브메뉴에 복잡한 "코드 접기 / 펼치기" 항목을 마련해 놓고 있습니다. 코드 블록의 단계까지 지정할 수 있지만 잘 쓰이지 않습니다. [Recursively]는 하위 블록에까지 영향을 미치는 "코드 접기 / 펼치기"이며, doc comments는 자바 도큐먼트(JavaDoc)를 가리킵니다. 안드로이드 스튜디오에서는 메서드 코드 위에 "/**"을 넣으면 JavaDoc이 만들어지는데, [Expand doc comments | Collapse doc comments]는 자바 도큐먼트 블록의 "접기 / 펼치기"입니다.

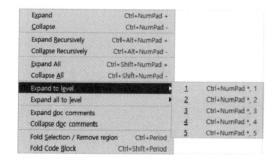

이 가운데 자주 사용되는 것은 Ctrl + Period(마침표)입니다. 커서가 위치한 코드를 접거나 펼치는 토글스위치입니다. 이에 비해 Ctrl + Shift + Period는 가장 가까운 "{ }" 코드 블록을 접기만 합니다.

한 가지 더 언급하자면, 라인 26의 코드는 자바 8의 람다(Lambdas) 표현식이 아닙니다. 아직까지 안드로이드에서는 람다 표현식을 지원하지 않습니다. 메인 메뉴 [Settings > Editor > General > Code Folding]에는 기본적으로 코드가 접히는 항목들에 체크가 되어 있습니다. 파일 헤더, Imports 그리고 한 줄 메서드입니다.

그 아래 ["Closures" (anonymous classes implementing one method, before 8)]("클로저" (하나의 메서드를 실행하는 익명함수)]이 있습니다. 클로저의 체크를 해제하면, 익명함수가 람다 표현식처럼 표시되지 않습니다. 코드 접기의 생략 기호(...)처럼 클로저에도 옅은 녹색 부분에 마우스를 갖다 대면 노랑 바탕에 감춰진 코드가 나타납니다.

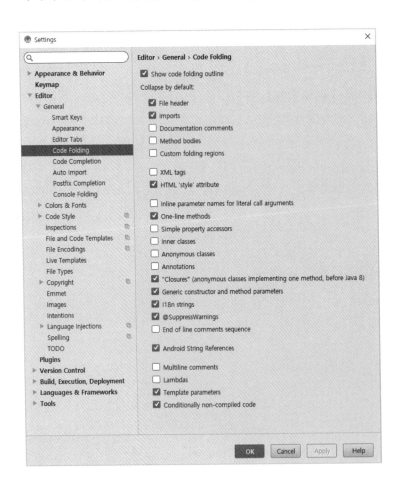

❸ 마커 바(Marker Bar)

대체로 윈도우의 오른쪽에서 화면의 세로 스크롤을 나타내는 막대를 스크롤 바(Scroll Bar)라고 합니다. 가로 스크롤을 나타내는 바도 스크롤 바일 테지만 대부분의 마우스는 가로 스크롤 기능이 없으므로 스크롤 바는 세로 스크롤만을 가리킬 때가 많습니다.

안드로이드 스튜디오는 에디터 윈도우의 스크롤 바에 좀더 특별한 이름을 붙여 놓았습니다. 바로 마커 바(Marker Bar)라는 것인데, 스크롤 기능보다는 관련 정보 표시에 무게를 둔 이름입니다. 검증 사이드 바(Validation Side Bar)라고도 합니다. 젯브레인스 홈페이지에서는 두 가지 이름을 나란히 사용하고 있습니다.

안드로이드 스튜디오는 항상 소스 코드를 살피고 있습니다. 만일 어떤 문제점이 발견되면 경고나 오류를 표시합니다. 이것을 에러 하이라이트(Error Highlighting)라고 합니다. 오류는 빨간색, 경고는 노란색입니다. 마커 바의 제일 꼭대기에 있는 아이콘을 클릭하면 전체 코드 분석이 나타납니다.

그 아래 사이드 바에서는 경고가 띠(Strip) 형식으로 표시되는데, 마우스를 살짝 올리면 그에 대한 설명이 나타나고, 띠 표시를 클릭하면 그곳으로 화면이 스크롤됩니다. 단축키 F2 키를 눌러 이동을 계속할 수도 있습니다. 전으로 이동하는 단축키는 Shift + F2입니다. 메인 메뉴에서는 [Navigation > Next / Previous Highlighted Error](다음 / 이전 하이라이트 에러)입니다.

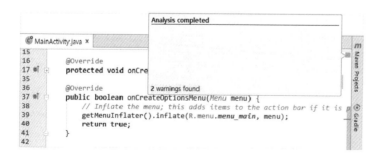

이러한 띠 표시는 경고나 오류에 국한되지 않고 TODO 기록, 브레이크포인트 등도 사이드 바에 나타납니다. 버전 관리를 이용하고 있다면 수정된 라인들도 띠 형태로 표시됩니다.

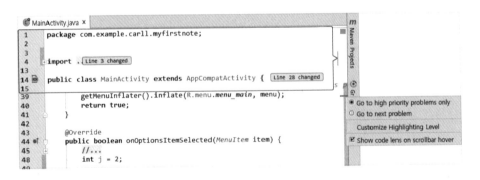

띠 표시 라인이 에디터의 가시 범위를 넘어서 있다면, 다시 말해 중앙의 회색 막대 바깥에 있다면 렌즈처럼 생긴 팝업 윈도우가 소스 코드를 보여 줍니다. 마우스가 가시 범위 안에 들어오면 렌즈가 사라져 에디터 윈도우에만 표시되며, 마우스가 아래로 내려가 가시 범위 바깥으로 벗어난다면 팝업 윈도우가 다시 나타납니다. 안드로이드 스튜디오의 코드 렌즈(Code Lens) 기능입니다.

마커 바에 위에서 마우스 오른쪽 버튼을 클릭해 콘텍스트 메뉴를 불러 보면, 아래에 [Show code lens on scroll bar](스크롤 바 위에서 코드 렌즈 보이기)라는 항목이 있습니다. 여기에 체크해야 코드 렌즈가 활성화됩니다. 체크를 해제하면 다른 툴 윈도우에서처럼 스크롤을 해야 가려진 코드를 볼 수 있습니다.

콘텍스트 메뉴의 [Go to high priority problems only](상위 문제점으로만 가기) / [Go to next problem](다음 문제점으로 가기)은 이동 단축키 F2 / Shift + F2와 관계됩니다. 전자에 체크하면 F2를 누를 때 오류만 내비게이션합니다. 후자에 체크하면 F2 키가 오류나 경고도 내비게이션합니다.

하지만 이것이 작동하려면 Settings > Editor > General에서 Error highlighting의 설정을 바꾸어야 합니다. General에서는 설정할 것이 너무 많아서 한참을 스크롤해야 가장 아래에 있는 Error highlighting에 도달할 수 있습니다.

첫 번째 체크박스를 해제합니다. 그러면 F2의 이동은 오류만 지적합니다. 이것이 기본값입니다.

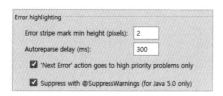

다시 마커 바의 콘텍스트 메뉴로 돌아가, Customize Highlighting Level(하이라이트 레벨 맞추기)은 상태 바(Status Bar)에 있는 하이라이트 레벨과 동일합니다. 이것을 클릭해서 코드 검사의 단계를 지정할 수 있습니다.

렌즈 모양의 팝업 윈도우는 메인 메뉴 [Settings > Editor > General > Appearance > Show code lens on scroll bar]에서도 설정을 맞출 수 있습니다. 거터의 콘텍스트 메뉴 항목인 라인 넘버, 인덴트 라인 등도 이곳에서 설정합니다.

4 코드 복사 / 삭제 / 선택

안드로이드 스튜디오에서는 텍스트 선택, 검색, 복사, 붙이기 등과 같은 일반 테스트 에디터의 기본적인 기능을 제공하고 있습니다. 이것은 메인 메뉴 [Edit]의 항목들과 서브 메뉴에서 선택할 수 있습니다.

코드의 한 줄을 복사하려면 메인 메뉴에서 [Duplicate line](라인 복사하기)을 선택하거나 단축키 Ctrl + D를 누릅니다. 이때 해당 라인 전체를 선택할 필요가 없습니다. 커서를 해당 라인에 올려놓고 Ctrl + D를 누르면 복사가 됩니다. 물론 여러 라인을 복사하려면 해당 라인들을 선택해야합니다.

코드의 한 줄을 지우는 단축키는 Ctrl + Y입니다. 여기에서도 한 줄만 지우는 경우라면 선택할 필요 없이 해당 라인 위에 커서를 올려놓고 Ctrl + Y를 누르면 됩니다. 오려두고 붙이기를 하는 경우에도 한 줄이라면 선택 없이 그냥 Ctrl + C, Ctrl + V를 치면 됩니다.

마우스를 단어 위에 올려놓고 두 번 클릭하면 해당 단어가 선택되고, 세 번 클릭하면 해당 라인(줄)이 선택됩니다. Shift + 상하 화살표는 커서가 위치한 곳을 시작으로 하여 라인들을 선택합니다. 글자나 단어를 선택한 후 마우스로 드래그하면 그 글자나 단어가 마우스를 따라 이동합니다. Ctrl + A는 파일의 모든 텍스트를 선택합니다. 이상은 텍스트 에디터라면 으레 갖추고 있는 선택 명령입니다.

안드로이드 스튜디오의 메인 메뉴 [Edit > Extend Selection](선택 확장하기)은 [문법 인식 선택](Syntax-aware Selection)입니다. 단축키는 Ctrl + W입니다. 처음 실행될 때에는 한 단어만 선택되지만, 소스 코드를 분석하여 단축키를 누를 때마다 선택 영역을 확장시켜 줍니다. 이와 정반대되는 것이 Shrink Selection(선택 줄이기)로 단축키가 Ctrl + Shift + W입니다. 이것은 문법을 인식하면서 선택 영역을 좁혀 줍니다. 문법 인식 선택에 익숙해지면 코드 블록을 선택할 때 화살표 키에는 좀처럼 손이 가지 않습니다.

⑤ 멀티 커서

안드로이드 스튜디오에서는 칼럼 선택(Column Selection)이라고 하는 특별한 모드를 마련해 놓고 있습니다. 커서를 칼럼, 즉 세로로 늘이는 모드입니다. 이것은 에디터 윈도우의 콘텍스트 메뉴에서 활성화시킬 수 있습니다. 단축키는 Alt + Shift + Insert입니다. 토글 형식이라서 누를 때마다 활성화 / 비활성화로 모드가 바뀝니다.

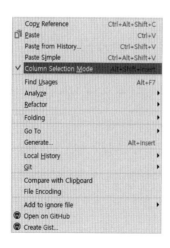

칼럼 선택 모드에서 마우스를 위아래로 드래그하면 커서가 상하로 늘어납니다. 여러 라인의 텍스트를 한꺼번에 수정할 수 있습니다. Alt 키를 누른 상태에서 마우스를 위아래로 드래그해도 세로로 늘어난 커서를 만날 수 있습니다. 하지만 이것은 칼럼 선택 모드로 바뀌는 것이 아니라서 Alt 키를 누를 때에만 일시적으로 동작합니다. 다른 곳을 선택하면 원상태로 돌아갑니다.

```java
21    public List<NoteItem> findAll() {
22
23        Map<String, ?> notesMap = notePreferences.getAll();
24        SortedSet<String> keys = new TreeSet<>(notesMap.keySet());
25
26        List<NoteItem> notesList = null;
27        notesList = new ArrayList<>();
28        for (String key : keys) {
29            NoteItem noteItem = new NoteItem();
30            noteItem.setKey(key);
31            noteItem.setValue((String) notesMap.get(key));
32            notesList.add(noteItem);
33        }
34
35        return notesList;
36    }
```

칼럼 선택 모드에서 여러 라인의 텍스트를 한꺼번에 처리할 수 있도록 하지만 선택 영역이 직사각형 꼴이 되어야 한다는 제약 조건이 있습니다. 다시 말해 이것을 제대로 이용하려면 글자의 세로 위치, 다시 말해 같은 칼럼에 위치해야 한다는 것이 걸림돌입니다. 그래서 등장한 것이 멀티 커서(Multi Cursor)입니다.

멀티 커서는 서브라임 텍스트(Sublime Text)라는 텍스트 에디터에서 처음 도입하여 큰 인기를 끌었습니다. 서브라임 텍스트는 빠른 처리 속도와 많은 플러그인 등도 성공 요인 중의 하나이지만, 서브라임 텍스트 하면 많은 사용자들은 가장 먼저 멀티 커서를 떠올리곤 합니다.

멀티 커서는 커서의 위치를 여러 곳에 두어 동시에 편집할 수 있도록 합니다. 안드로이드 스튜디오에서도 멀티 커서가 가능한데, 칼럼 선택의 Alt 키에 Shift를 더 누르면 됩니다. 다시 말해 Alt + Shift를 누른 상태에서 마우스를 클릭하면 바로 그 곳에 또 다른 커서가 생기면서 깜빡거립니다.

```java
20
21    public List<NoteItem> findAll() {
22
23        Map<String, ?> notesMap = notePreferences.getAll();
24        SortedSet<String> keys = new TreeSet<>(notesMap.keySet());
25
26        List<NoteItem> notesList = null;
27        notesList = new ArrayList<>();
28        for (String key : keys) {
29            NoteItem noteItem = new NoteItem();
30            noteItem.setKey(key);
31            noteItem.setValue((String) notesMap.get(key));
32            notesList.add(noteItem);
33        }
34
35        return notesList;
36    }
37
```

하지만 커서의 위치를 이렇게 여러 개 두는 것은 놀이에 지나지 않습니다. 그냥 신기할 뿐입니다. 서브라임 텍스트에서도 실제로 많이 사용되는 것은 Add Selection for Next Occurrence (다음번 경우 선택 추가하기)입니다. 커서가 하나씩 추가되기 때문에 점진적 멀티 커서 (Progressive Multi Cursor)라고 부르기도 합니다. 단축키는 Alt + J입니다.

화면에서 noteItem 위에 커서를 올려놓고 Alt + J를 누르면, 다음에 나타나는 noteItem이라는 단어들 위에 커서가 또 생깁니다. 그래서 이것들을 동시에 편집할 수 있는 것입니다.

```java
21      public List<NoteItem> findAll() {
22
23          Map<String, ?> notesMap = notePreferences.getAll();
24          SortedSet<String> keys = new TreeSet<>(notesMap.keySet());
25
26          List<NoteItem> notesList = null;
27          notesList = new ArrayList<>();
28          for (String key : keys) {
29              NoteItem noteItem = new NoteItem();
30              noteItem.setKey(key);
31              noteItem.setValue((String) notesMap.get(key));
32              notesList.add(noteItem);
33          }
```

Add Selection for Next Occurrence는 메인 메뉴 [Edit > Find] 서브 메뉴에 있습니다. 복잡하게 찾아 들어가야 하기 때문에 메뉴 선택보다는 단축키가 주로 사용됩니다. 이 항목 아래에 있는 [Unselect Occurrence](경우 선택 취소)는 [Add Selection for Next Occurrence]에서의 선택을 취소하는 것입니다. 단축키는 Alt + Shift + J입니다. Alt + J를 누르면 다음번이 선택되고 Alt + Shift + J를 누르면 선택된 것이 취소됩니다. Ctrl + Alt + Shift + J는 점진적으로 선택이 추가되는 것이 아니라 모든 경우가 한꺼번에 선택되는 단축키입니다.

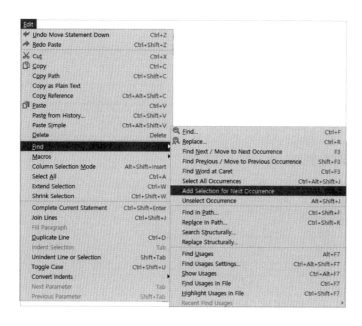

서브라임 텍스트에서 점진적 선택의 단축키는 추가가 Ctrl + D, 해제가 Ctrl + K입니다. 그래서 이 단축키가 손에 익은 사용자들은 안드로이드 스튜디오의 단축키 Alt + J를 Ctrl + D, Alt + Shift + J를 Ctrl + K로 바꾸기도 합니다. 키맵 변경은 이번 장의 맨 끝에서 다루도록 하겠습니다.

6 복사하기 / 오려두기 / 붙이기

복사하기(Copy, Ctrl + C), 오려두기(Cut, Ctrl + X), 붙이기(Paste, Ctrl + V)는 어떤 텍스트 에디터에서나 지원되는 기본적인 명령입니다. 복사하거나 오려둔 텍스트는 운영체제의 클립보드에 저장되는데, 안드로이드 스튜디오에서는 가장 최근에 수행한 5가지를 클립보드 히스토리(Clipboard History)에 저장하여 사용할 수 있습니다.

일반 붙이기 단축키(Ctrl + V)에 Shift를 더한 것이 클립보드 히스토리를 보는 단축키(Ctrl + Shift + V)입니다. 메인 메뉴 또는 에디터 윈도우의 콘텍스트 메뉴의 [Paste from History...](히스토리에서 붙이기) 항목입니다. 그러면 나타나는 목록에서 붙이기할 것을 선택할 수 있습니다.

클립보드 히스토리의 개수가 기본값이 5개이지만 [Settings > Editor > General]에서 바꿀 수 있습니다. [Maximum Number of Contents to Keep in Clipboard](클립보드에 저장되는 콘텐츠의 최대치)의 숫자를 변경하면 됩니다.

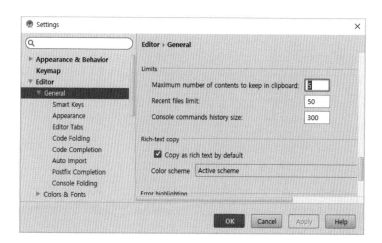

메뉴에서 [Copy Path](패스 복사하기)는 프로젝트 툴 윈도우에서 선택한 파일이나 디렉터리의 절대 경로를 클립보드에 복사해 줍니다. [Copy Reference](참고 복사하기)는 해당 메서드나 변수, 클래스까지의 논리적 참조, 즉 상대 경로가 클립보드에 복사됩니다.

❼ 되돌리기 / 다시 실행 / 로컬 히스토리(Local History)

되돌리기(Undo, Ctrl + Z)와 다시 실행(Redo, Ctrl + Shift + Z)도 어떤 텍스트 에디터에서나 지원되는 명령입니다. 안드로이드 스튜디오에서는 300단계까지 되돌리기가 가능하지만, 크게 되돌리는 경우에는 로컬 히스토리(Local History)나 버전 관리 시스템(Version Control System)을 사용하는 것이 편리합니다.

로컬 히스토리는 안드로이드 스튜디오에서 제공하는 실시간 버전 관리 시스템입니다. 로컬에서만 사용된다는 점에서 Git 등과 같은 외부 버전 관리 시스템과 다르며 독립적으로 동작합니다. 안드로이드 스튜디오의 새로운 버전을 설치하거나 Invalidate Caches(캐시 초기화)를 하지 않는 한 이 기록은 계속 보관됩니다.

캐시 초기화는 메인 메뉴 [File > Invalidate Caches/Restart...]에서 수행할 수 있습니다. 이것을 선택하면 안드로이드 스튜디오는 로컬 히스토리가 모두 지워진다는 경고 메시지를 보냅니다. 따라서 새로운 버전 설치 등을 할 때는 각별히 주의할 필요가 있습니다. 무엇보다도 Git 등 외부 버전 관리 시스템을 이용하는 것이 가장 안전합니다.

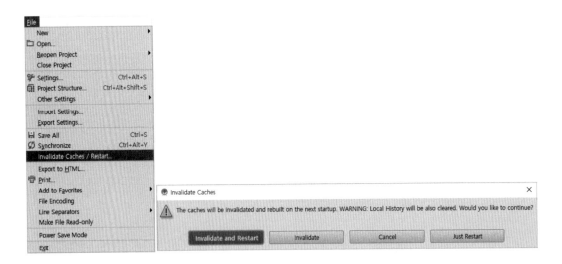

메인 메뉴 [VCS > Local History] 또는 콘텍스트 메뉴에서 [Show History](히스토리 보이기)를 선택하면 파일을 비교하는 화면이 나타납니다. [Show History for Selection](선택 영역 히스토리 보이기)은 선택 영역에 대한 히스토리만을 보는 옵션입니다. 나머지 코드는 보이지 않기 때문에 특정 코드에 시선을 집중하기에 좋습니다.

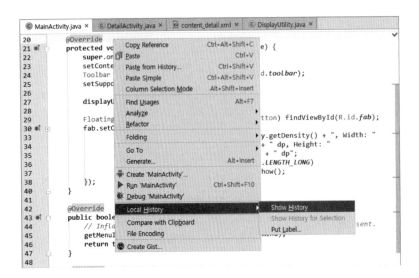

히스토리 화면에서는 파일에서 달라진 부분을 알아보기 쉽도록 다른 색깔로 표시해 놓고 있습니다. 맨 아래에 범례가 있습니다. Changed(변경된 부분)는 Deleted(삭제 부분)와 Inserted(추가 부분)로 나눌 수 있는데, 각각 >>, X 버튼을 클릭하여 삭제 부분을 다시 넣거나 추가된 부분을 지울 수 있습니다.

위쪽 물음표 왼쪽의 아이콘은 비교 화면의 스크롤을 일치시키는 버튼입니다. 이것을 클릭하여 스크롤 일치를 해제하면 두 화면의 스크롤이 따로따로 움직입니다.

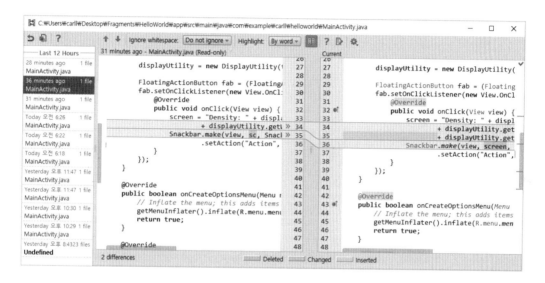

파일 비교의 왼쪽에는 타임 라인, 즉 특정 시점이 열거되어 있습니다. 히스토리는 파일을 과거 시점과 현재 시점을 비교하는 것입니다. 메인 메뉴나 콘텍스트 메뉴에서 [Put Label...] (레이블 붙이기)을 선택하면 현재 작업하는 시점에 대해 어떤 표시를 해놓을 수 있습니다. 특정 파일이 아니라 시점에 대한 표시이기 때문에 수정을 했다면 이 표시는 수정한 모든 파일에서 나타나게 됩니다.

⑧ 찾기와 바꾸기

안드로이드 스튜디오에서 찾기 / 바꾸기는 메인 메뉴 [Editor > Find] 서브 메뉴에 크게 세 가지 형태로 정리되어 있습니다. 일반 찾기(Find), 패스에서 찾기(Find in Path), 그리고 사용 찾기(Find Usages)입니다.

일반 찾기는 다른 텍스트 에디터와 별반 다르지 않습니다. 굳이 차이점을 찾자면 선택이 폭이 대단히 넓다는 것입니다. 정규 표현식(Regex)은 물론이고 주석(Comments)만 찾거나 주석만 제외할 수도 있습니다.

찾기 입력 막대를 한 줄로 늘어놓으면 다음 화면과 같습니다. 오른쪽 추가 설정 아이콘이 사라질 만큼 너비가 축소되면 >> 표시가 나타나는데, 이 표시 위에 마우스를 올리면 찾기 선택이 화면처럼 펼쳐집니다.

F3은 다음 찾기 / 다음 경우로 이동하기(Find Next / Move to Next Occurrence) 단축키입니다. Shift + F3은 이전 찾기로 이동합니다.

Ctrl + F3은 간편하게 단어를 찾을 때 좋습니다. Finding Word at Caret(커서에 위치한 단어 찾기)라는 표현처럼, 찾기 텍스트 박스를 띄우지 않고 커서 위치에 있는 단어를 바로 찾아 줍니다.

패스에서 찾기(Find in Path)는 찾기의 범위를 지정할 수 있습니다. 단축키는 Ctrl + Shift + F입니다. 기본 범위는 전체 프로젝트이며 대화 창에서 이것을 바꿀 수 있습니다.

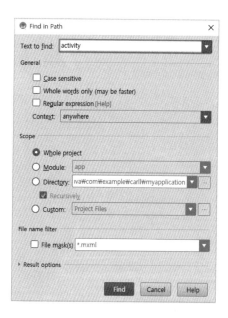

대화 창의 옵션을 지정하고 [Find] 버튼을 클릭하면 화면 아래에 찾기(Find) 툴 윈도우가 나타납니다. 패스에서 찾기는 지정한 범위에 있는 텍스트를 모두 찾아줍니다.

[Search Structurally...](구조적으로 검색하기)는 자바 문법과 코드 구조를 이용한 검색입니다. [Help] 버튼을 누르면 IntelliJ IDEA의 홈페이지로 안내합니다.

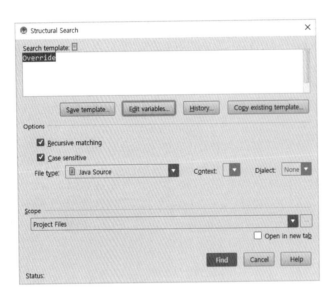

[사용 찾기](Find Usages)는 커서 위치에 있는 변수, 메서드 등 심벌을 검색합니다. 콘텍스트 메뉴에도 마련되어 있으며 단축키는 Alt + F7입니다. 이것을 실행하면 화면 아래에 찾기(Find) 툴 윈도우가 나타나 해당 위치로 바로 이동할 수 있습니다.

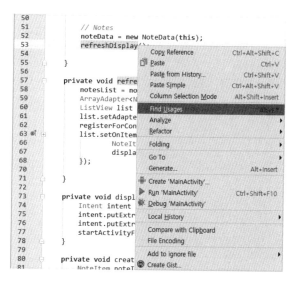

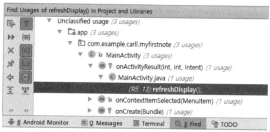

찾기 툴 윈도우를 띄우지 않고 사용 찾기를 하려면 [Show Usages](사용 보이기)를 선택합니다. 단축키는 Ctrl + Alt + F7입니다. Show Usages는 해당 심벌 아래에 이것이 정의된 곳, 사용된 곳을 알려줍니다.

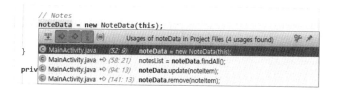

❾ 주석(Comments)

프로그래밍 언어에서 주석(Comments)은 컴파일러가 해석하지는 않지만 코딩하는 사용자나 동료들에게 중요한 메시지나 정보를 전달하는 역할을 합니다.

안드로이드 스튜디오에는 라인 주석(단축키 Ctrl + /), 블록 주석(단축키 Ctrl + Shift + /)이 있습니다. 라인 주석은 커서가 위치한 라인을 주석 처리합니다. 자바 코드라면 라인의 앞에 //를 넣어 주고, XML 등 마크업 언어라면 앞뒤에 각각 <!--, -->를 넣어 해당 라인이 컴파일되지 않도록 합니다. 블록 주석은 선택한 부분만을 주석 처리합니다.

또 순전히 화면을 정리하는 용도의 주석도 있습니다. 이것은 비주얼 스튜디오(Visual Studio) 스타일과 넷빈스(NetBeans) 스타일이 있습니다.

```
#region 노트앱 디스플레이 코드
Code Block...
#endregion
```
[비주얼 스튜디오 스타일]

```
// <editor-fold desc="노트앱 디스플레이 코드">
Code Block...
// </editor-fold>
```
[넷빈스 스타일]

이렇게 코드 블록 앞뒤에 라인 주석을 붙인 다음에, 코드를 접거나 펼치면 한결 보기가 좋습니다. 아래 화면은 코드를 접은 상태입니다. "노트앱 디스플레이 코드"에 마우스 커서를 올리면 글자 아래에 소스 코드가 팝업 창으로 나타나며, 글자를 클릭하면 소스 코드가 펼쳐집니다.

```java
     MainActivity.java ×    activity_main.xml ×
 1       package com.example.carll.myfirstnote;
 2
 3     import ...
22
23     public class MainActivity extends AppCompatActivity {
24
25         public static final String LOGTAG = "Main Activity: Note Key";
26         public static final int REQUEST_CODE = 1001;
27         public static final int MENU_DELETE_ID = 1002;
28
29         private NoteData noteData;
30         private List<NoteItem> notesList;
31         private int currentNoteId;
32
33         @Override
34         protected void onCreate(Bundle savedInstanceState) {...}
56
57         노트앱 디스플레이 코드
100
101         @Override
102         public boolean onCreateOptionsMenu(Menu menu) {...}
107
108         @Override
109         public boolean onOptionsItemSelected(MenuItem item) {...}
129
130         @Override
131         public void onCreateContextMenu(ContextMenu menu, View v, ContextMenu.Co
137
138         @Override
139         public boolean onContextItemSelected(MenuItem item) {...}
148     }
149
```

안드로이드 스튜디오에서는 두 가지 화면 정리 스타일을 간단히 입력할 수 있습니다. 코드 블록을 선택한 다음에 메인 메뉴 [Code > Surround With...](둘러싸기) 또는 단축키 Ctrl + Alt + T를 누르면 다음 화면이 나타납니다.

1번이 비주얼 스튜디오 스타일이고 2번이 넷빈스 스타일입니다. Alt + 번호 또는 상하 화살 표 키로 스타일을 고르면 이 코드 블록을 접거나 펼 수 있습니다. 반전되어 있는 Description 자리에 쉽게 알아볼 수 있도록 "노트앱 디스플레이 코드" 같은 설명을 적어 넣으면 됩니다.

⑩ 코드의 이동과 정리

텍스트 에디터에서 코드 이동을 할 때에는 코드를 선택해서 Ctrl + X, Ctrl + V를 하는 것이 보통입니다. 안드로이드 스튜디오에서는 이동할 코드가 한 줄일 때는 선택할 필요가 없다는 것은 앞서 이야기한 바와 같습니다.

안드로이드 스튜디오에서는 여기에서 한 걸음 더 나아가 한 줄을 바로 위나 아래 등 근접 지역으로 이동할 경우 간편한 단축키를 제공하고 있습니다. Alt + Shift + ↑ 또는 ↓ 입니다. Alt + Shift + ↑를 계속 누르게 되면 그 줄이 위쪽 코드를 파고들며 계속 올라갑니다. Alt + Shift + ↓은 정반대입니다.

Move Statement Down	Ctrl+Shift+Down
Move Statement Up	Ctrl+Shift+Up
Move Line Down	Alt+Shift+Down
Move Line Up	Alt+Shift+Up

이보다 더 편리한 코드 이동 방법은 Ctrl + Shift + ↑ 또는 ↓ 입니다. 안드로이드 스튜디오 가 코드 블록의 영역을 인식해 이것을 통째로 이동시켜 주기 때문입니다. 그래서 Move Statement Down / Up(위로 / 아래로 문장 이동하기)은 커서의 위치에 따라 움직이는 대상 이 달라집니다.

다음 화면에서 커서가 111~112 라인에 있다면 Ctrl + Shift + ↑ 또는 ↓를 치면 onOptionsItemSelected 메서드 전체가 아래위로 이동합니다. 커서가 116 라인에 있다면 그 줄만 움직입니다. 커서의 위치가 118, 즉 if 문이라면 if 문 전체, 즉 118~127이 통째로 이동합니다. 커서가 121 라인에 있다면 121~123이 움직입니다.

```
110
111     @Override
112 ●⫶ public boolean onOptionsItemSelected(MenuItem item) {
113         // Handle action bar item clicks here. The action bar will
114         // automatically handle clicks on the Home/Up button, so long
115         // as you specify a parent activity in AndroidManifest.xml.
116         int id = item.getItemId();
117
118 ▸      if (id == R.id.action_settings) {
119
120             DisplayUtility displayUtility = new DisplayUtility(this);
121             String screen = "Density: " + displayUtility.getDensity() + ", Width: "
122                     + displayUtility.getWidth() + " dp, Height: "
123                     + displayUtility.getHeight() + " dp";
124             Toast.makeText(this, screen, Toast.LENGTH_SHORT).show();
125
126             return true;
127         }
128
129         return super.onOptionsItemSelected(item);
130     }
131
```

또 안드로이드 스튜디오가 똑 부러지게 잘하는 것이 코드 정리입니다. 대충 코딩을 해놓고 메인 메뉴 [Code > Reformat Code…](코드를 새로 포맷하기) 또는 단축키 Ctrl + Alt + L을 누르면 깔끔하게 정리됩니다.

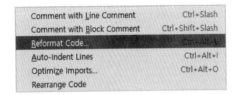

정리하는 스타일은 [Settings > Editor > Code Style]에서 설정합니다. 코드 스타일은 전체적으로 혹은 프로젝트 별로 따로 설정할 수 있습니다. Scheme(설계) 옆에 있는 [Manage...] 버튼을 누르면 코드 스타일을 관리하는 대화 창이 나타납니다.

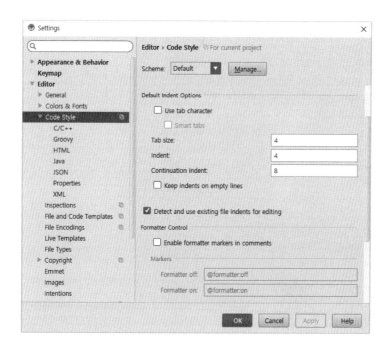

[Code Style]에서는 전반적인 사항에 대해 설정하고 그 아래에 열거되어 있는 프로그래밍 언어에서 세부적으로 스타일을 맞춥니다. 사전에 설정되어 있는 것은 업계 표준이라고 볼 수 있지만, 체크박스를 온 / 오프 하면 안드로이드 스튜디오에서는 코드에 어떤 변화가 생기는지 미리 살펴 볼 수 있습니다.

참고로 메인 메뉴 [Code > Reformat Code...] 아래에 있는 [Auto-Indent Lines](단축키 Ctrl + Alt + I)는 코드의 인덴트, 즉 들여쓰기에 대해서만 새로 포맷하고 [Optimize Imports](단축키 Ctrl + Alt + O)는 자바 소스 코드에서 사용하지 않은 Imports를 정리합니다.

[Rearrange Code]는 설정한 순서에 따라 코드를 재정돈하는 명령입니다. 자바 코드의 순서는 [Settings > Code Style > Java > Arrangement]에서 설정합니다.

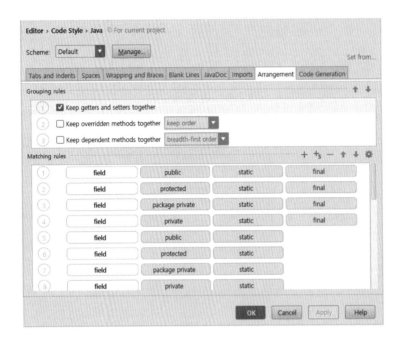

⑪ 코드 자동 완성(Code Completion)

코드 자동 완성은 웬만한 텍스트 에디터라면 갖추고 있는 기능입니다. 사용자가 코드를 입력하기 시작할 때 텍스트 에디터는 사용자가 무엇을 입력하려고 하는지 미리 파악해 여러 후보들을 제시합니다. 사용자는 코드 일부만 입력하고 텍스트 에디터에서 제시하는 목록에서 명령을 고릅니다. 명령어 스펠링을 하나하나 암기할 필요가 없습니다. 특히 영문 타이핑에 약한 비영어권 개발자들에게 코드 자동 완성은 없어서는 안 되는 필수 기능입니다.

안드로이드 스튜디오는 JDK와 안드로이드 SDK에 따라 코드를 제시합니다. 항상 정확한 제시를 하는 것은 아니지만 사용자가 처한 상황이나 맥락, 다시 말해 콘텍스트를 예의 주시하고 있습니다.

```
27          displayUtility = new DisplayUtility(this);
28
29          FloatingActionButton fab = (FloatingActionButton) findViewById(R.id.fab);
30          fab.setOnClickListener((view) → {
33              screen = "Density: " + displayUtility.getDensity() + ", Width: "
34                  + displayUtility.getWidth() + " dp, Height: "
35                  + displayUtility.getHeight() + " dp";
36              Snackbar.make(view, sc, Snackbar.LENGTH_LONG)
37                  .setActi... ⓑ screen                                    String
38          });                  ⓜ ⓑ setContentTransitionManager (TransitionManager tm)   void
40      }                        ⓜ ⓑ setContentView (int layoutResID)                     void
41                               ⓜ ⓑ setContentView (View view)                           void
42      @Override                ⓜ ⓑ setContentView (View view, LayoutParams params)      void
43      public boolean onCreateOptio... ⓜ ⓑ setMediaController (MediaController controller)  void
44          // Inflate the menu; thi... ⓜ ⓑ setVolumeControlStream(int streamType)        void
45          getMenuInflater().inflat... ⓜ ⓑ setTitleColor(int textColor)                  void
46          return true;         ⓜ ⓑ startManagingCursor (Cursor c)                      void
47      }                        ⓜ ⓑ stopManagingCursor (Cursor c)                       void
48                               ⓜ ⓑ startActivityFromChild(Activity child, Intent in... void π
49      @Override
50      public boolean onOptionsItemSelected(MenuItem item) {
51          // Handle action bar item clicks here. The action bar will
52          // automatically handle clicks on the Home/Up button, so long
53          // as you specify a parent activity in AndroidManifest.xml.
54          int id = item.getItemId();
```

안드로이드 스튜디오의 코드 완성은 세 단계로 진행됩니다. 첫 번째는 기본값(Default)입니다. 사용자가 코드를 입력하는 순간 커서 옆에 목록을 제시하여 사용자는 ↑↓ 키를 눌러 코드를 선택합니다.

두 번째는 베이직(Basic)으로서 사용자가 단축키 Ctrl + Spacebar를 누르면 발동합니다. 이것은 코드 목록 옆에 자바 도큐먼트를 더해 줍니다. 문서를 보면서 코드를 선택할 수 있습니다.

세 번째는 스마트타입(SmartType)입니다. 단축키는 Ctrl + Shift + Spacebar입니다. 이것은 베이직과 같은 모양이지만 좀더 선택적이고 관련 있는 제시를 해줍니다. 베이직과 스마트타입은 메인 메뉴 [Code > Completion] 서브 메뉴에서도 선택할 수 있지만, 단축키를 쓰는 것이 일반적입니다.

안드로이드 스튜디오에서는 [Cyclic Expand Word](단어 순환)라는 것으로써 사용자의 입력을 돕고 있는데, 해당 파일에서 사용자가 사용했던 단어들을 제시하는 기능입니다. 단축키 Alt + /를 치면 커서 위치에서 시작해 위쪽의 단어가 하나씩 제시되고, Alt + Shift + /를 치면 커서 아래에 있는 단어가 하나씩 제시됩니다. Alt + /로 위쪽 단어를 살피다가 Alt + Shift + /를 치면 아래쪽으로 이미 살핀 단어가 제시됩니다.

```
140
141     @Override
142 ●   public boolean onContextItemSelected(MenuItem item) {
143
144         Override_
145
146         if (item.getItemId() == MENU_DELETE_ID) {
147             NoteItem noteItem = notesList.get(currentNoteId);
148             noteData.remove(noteItem);
149             refreshDisplay();
150         }
151         return super.onContextItemSelected(item);
152     }
```

또 데이터타입을 적어 넣고 한 칸을 띄운 다음 Ctrl + Spacebar를 누르면 IDE가 변수 이름의 목록을 제시한다는 점도 안드로이드 스튜디오의 재미있는 기능 중의 하나입니다.

```
140
141     @Override
142 ●   public boolean onContextItemSelected(MenuItem item) {
143
144         List<String>_
145                  ┌─────────────────┐
146         if (item.get│ strings      │ETE_ID) {
147             NoteItem │ list         │t.get(currentNoteId);
148             noteData.│ stringList   │noteItem);
149             refreshDisplay();
150         }
151         return super.onContextItemSelected(item);
152     }
```

⑫ 라이브 템플릿(Live Templates)

라이브 템플릿은 자주 사용하는 코드 블록을 미리 정의해 놓고 간단히 몇 글자만 입력하여 사용하는 것을 말합니다. 일반 텍스트 에디터에서는 스니핏(Snippet, 자투리, 작은 조각)이라고 부르기도 합니다.

안드로이드 스튜디오에서는 많은 라이브 템플릿들을 마련해 놓고 있습니다. 그래서 IDE를 설치한 후에 곧바로 사용할 수 있습니다. 예를 들어 에디터에서 "for"라고 입력하면 글자 아래에 for와 관계가 있는 항목들이 열거됩니다. 다음 화면에서 볼 수 있듯이 입력값에 for가 들어가는 것뿐만이 아니라 설명에 for가 들어간 항목들까지 나타납니다. 이때 Ctrl + Q를 치면 오른쪽에 해당 항목에 대한 자세한 설명이 나옵니다.

글자를 계속 입력하면 항목이 줄어들어 선택하는 데에 도움이 됩니다. Tab 또는 Enter 키를 치면 코드 블록이 펼쳐집니다.

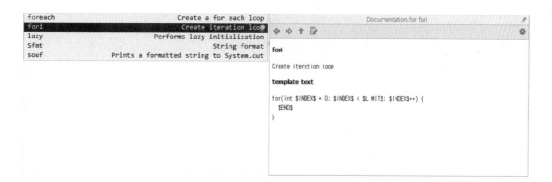

아무 것도 입력하지 않은 상태에서 메인 메뉴 [Code > Insert Live Templates...](라이브 템플릿 삽입하기)를 선택하거나 단축키 Ctrl + J를 쳐도 라이브 템플릿 팝업 창이 나타납니다. 여기에서 해당 항목을 골라도 됩니다.

안드로이드 스튜디오의 라이브 템플릿은 크게 세 가지로 나눌 수 있습니다. 먼저 단순(Simple) 라이브 템플릿입니다. 이것은 간단한 약자로 코드 블록을 표시한 것입니다. 예를 들어 "sout"라고 치면, 아래 코드 블록이 입력되는 식입니다.

```
System.out.println();
```

두 번째는 파라미터(Parameterized) 라이브 템플릿입니다. 변수, 즉 파라미터가 들어가는 템플릿으로 코드 블록 안에 사용자가 입력하는 필드가 있습니다. 입력 필드가 여러 개라면 Tab 키를 눌러 다음 입력 필드로 이동합니다. 예를 들어 for 템플릿의 코드 블록이 펼쳐지면 입력 필드 i에서 붉은색 커서가 깜박이며 사용자의 입력을 기다립니다. i 값은 그대로 사용하므로 Tab 키를 눌러 다음 필드로 이동하여 입력 필드를 채우는 식입니다.

```java
public static void main(String[] args) {
    String[] strings = {"one", "two", "three"};

    for (int i = 0; i < strings.; i++) {

    }
}
```

length	int
hashCode()	int
clone()	String[]
equals(Object o)	boolean
toString()	String
finalize()	void
getClass()	Class<? extends String[]>
notify()	void
notifyAll()	void
wait()	void
wait(long l, int i)	void

세 번째는 선택 영역(Surround, 둘러싼) 라이브 템플릿입니다. 이것은 선택된 영역 앞과 뒤로 템플릿이 들어옵니다. [Surround with Live Template...](라이브 템플릿으로 둘러싸기)보다 [Surround with...](둘러싸기)가 더 유용합니다. Surround with live template뿐만 아니라 [Configure Live Templates](라이브 템플릿 설정하기)까지 포함되어 있기 때문입니다.

[Surrounding With...]는 단축키가 Ctrl + Alt + T입니다. 코드를 선택한 다음에 단축키를 누르면 if/else, for, try/catch 등 코드 블록으로 바꿀 수 있습니다. 선택된 코드를 단순히 "{ }"으로 둘러싸이게 하려면 ↓ 키를 한참 내리거나 Alt + A를 치면 됩니다. 그 아래에는 코드 정리용 주석이 나와 있습니다.

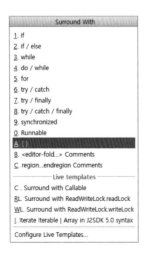

```
            Surround With
1. if
2. if / else
3. while
4. do / while
5. for
6. try / catch
7. try / finally
8. try / catch / finally
9. synchronized
0. Runnable
A. { }
B. <editor-fold...> Comments
C. region...endregion Comments
            Live templates
C . Surround with Callable
RL. Surround with ReadWriteLock.readLock
WL. Surround with ReadWriteLock.writeLock
J. Iterate Iterable | Array in J2SDK 5.0 syntax

Configure Live Templates...
```

[Unwrap/Remove...](풀기 / 제거)는 코드 블록을 해제합니다. 단축키는 Ctrl + Shift + Delete입니다. 만일 if 문장 안에서 이것을 실행하고 목록에서 [Unwrap 'if...']를 선택하면, 둘러싸기를 해제했을 때 코드에 어떤 변화가 일어나는지 다른 색깔로 보여줍니다.

```
112         @Override
113 ▣      public boolean onOptionsItemSelected(MenuItem item) {
114             // Handle action bar item clicks here. The action bar will
115             // automatically handle clicks on the Home/Up button, so long
116             // as you specify a parent activity in AndroidManifest.xml.
117             int id = item.getItemId();
118             if (id == R.id.action_settings) {
119
120                 DisplayUtility displayUtility = new DisplayUtility(this);
121                 String screen = "Density: " + displayUtility.getDensity() + ", Width: "
122                         + displayUtility.getWidth() + " dp, Height: "
123                         + displayUtility.getHeight() + " dp";
124                 Toast.makeText(this, screen, Toast.    Choose the statement to unwrap/remove
125                                                        Unwrap 'displayUtility.getHeight()'
126                                                        Unwrap 'if...'
127             return true;
128
```

라이브 템플릿 설정에서는 내장된 라이브 템플릿을 수정하거나 사용자 템플릿을 추가할 수 있습니다. 정식 위치는 [Settings > Editor > Live Temples]입니다. 오른쪽 플러스(+) 버튼을 누르면 사용자 템플릿을 추가할 수 있습니다. 아래의 마이너스(−)는 라이브 템플릿을 삭제하는 버튼입니다. 그 아래는 다른 템플릿을 복사하는 버튼입니다.

마지막은 혹시나 잘못해서 내장 라이브 템플릿이 삭제될 경우 원래대로 복구하는 버튼입니다. 보통을 비활성화 상태로 있다가 내장 템플릿이 삭제되는 경우에만 활성화됩니다.

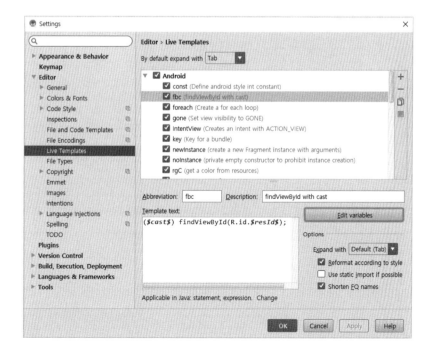

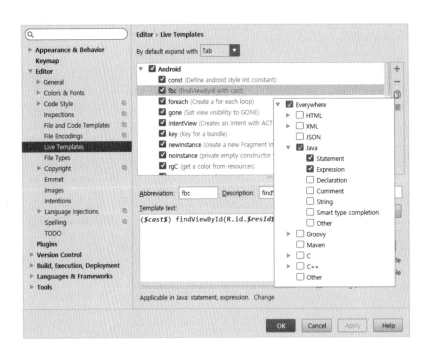

안드로이드 코딩에서 많이 사용되는 findViewById가 어떻게 라이브 템플릿으로 만들어져 있는지 살펴보겠습니다. 이것의 축약형(Abbreviation)은 fbc입니다. fbc를 템플릿 텍스트 (Template text)에 fbc의 코드 블록이 적혀 있습니다. 코드 블록에서 양쪽에 $가 붙어 있는 것이 변수입니다. $cast$와 $resId$가 그것입니다.

또 한 가지, 안드로이드 스튜디오 라이브 템플릿은 그냥 코드 블록이 아니라 파일 타입에 따라 달라진다는 점에 유의하기 바랍니다. 템플릿 텍스트 입력 창 아래 [Applicable in Java: statement, expression](자바의 문장, 표현식에 적용)이라고 적혀 있고 그 옆에 [Change] (변경)가 푸른 글자로 표시되어 있습니다. [Change]를 클릭하면 이것을 바꿀 수 있는 체크 박스가 나타납니다. 사용자 템플릿을 추가할 때 여기에 제대로 체크가 되어 있지 않으면 라이브 템플릿이 나타나지 않습니다.

템플릿 텍스트 오른쪽에 있는 큰 버튼 [Edit Variables](변수 편집)를 클릭하면 템플릿 텍스트의 변수 편집 창이 나타납니다. 안드로이드 스튜디오에서는 미리 정의된 함수들을 이 변수에 사용할 수 있습니다.

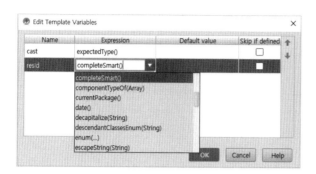

expectedType()은 예상되는 타입을 리턴하는 함수이고, completeSmart()는 에디터 윈도우에서 Ctrl + Shift + Space를 누른 것과 같은 효과가 있습니다. 따라서 라이브 템플릿 fbc는 findViewById에 수반되는 형 변환과 함께 XML 리소스까지도 찾아 주므로 대단히 편리합니다.

이밖에도 안드로이드 스튜디오에서는 라이브 템플릿 변수에 사용할 수 있는 많은 함수들을 정의해 놓고 있습니다. 특히 그루비 스크립트 함수 groovyScript()에서는 그루비 프로그래밍이 가능하므로 그 활용 범위는 무궁무진하다고 할 수 있겠습니다.

아래 IntelliJ IDEA의 홈페이지에서는 미리 정의된 라이브 템플릿 함수들이 설명되어 있습니다. 설정 창의 [Help] 버튼도 IntelliJ IDEA의 홈페이지로 안내합니다.

https://www.jetbrains.com/idea/help/live-template-variables.html#predefined_functions

⓭ 포스트픽스(Postfix) 코드 생성

포스트픽스 코드 생성은 아주 재미있는 기능입니다. 이것은 어떤 표현식 뒤에 붙여 명령어의 주술 구조를 바꾸어 줍니다.

프로그래밍 코드는 영어식 문장에 영향을 받아서 "동사 + 목적어"의 꼴로 되어 있는 것이 보통인데, 포스트픽스는 우리말처럼 "목적어 + 동사" 형태로 코딩할 수 있도록 합니다. 그리고 자동으로 원래 프로그래밍 코드로 바꿔 줍니다. 예를 "Hello World".format이라고 입력한 후 Tab 키를 치면, 자동으로 String.format("Hello World",)라고 바꾸어 줍니다.

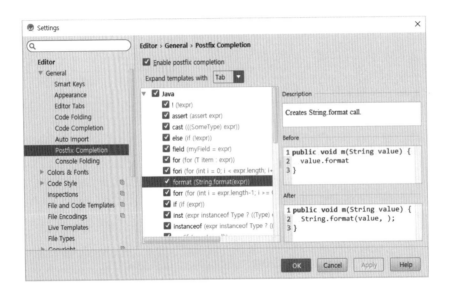

포스트픽스 코드 생성은 [Settings > Editor > General > Postfix Completion]에 여러 가지가 정의되어 있습니다. 그리고 Android Postfix Completion 플러그인은 안드로이드 프로그래밍에서 사용할 수 있는 여러 가지 포스트픽스 템플릿을 만들어 놓았습니다.

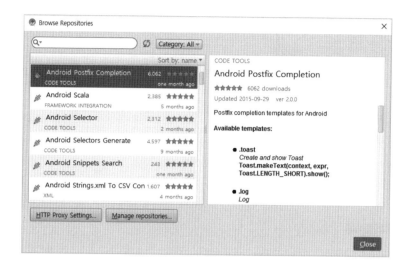

예를 들어 "Hello World".toast라고 입력한 후 Tab 키를 치면, 아래 코드를 생성해 줍니다.

```
Toast.makeText(this, "Hello World", Toast.LENGTH_SHORT).show()
```

포스트픽스 코드 생성은 사용자 템플릿을 추가할 수는 없지만 안드로이드 스튜디오에 내장된 것만으로도 개발 속도를 한층 증진시킬 수 있습니다. 그리고 라이브 템플릿과 함께 안드로이드 스튜디오에 막강한 에디팅 기능을 더해 주고 있습니다.

랭귀지 인젝션(Language injection)

안드로이드 스튜디오의 막강한 에디팅 기능에서 빼놓을 수 없는 것 하나가 랭귀지 인젝션, 즉 언어 삽입입니다. 문자열 삽입(String Interpolation)이라고도 합니다. 랭귀지 인젝션의 전형적인 예로서 자바스크립트에 HTML 코드를 넣거나 자바에 SQL 문장을 넣는 경우를 들 수 있습니다.

에디터의 문자열 위에 커서를 올려놓고 Alt + Enter를 치면 팝업 창에 Inject Language or Reference(언어 또는 참조 삽입)라는 항목이 나타납니다. 이것을 선택하면 어떤 언어를 삽입할 것인지를 묻는 창이 나옵니다. 거기에서 언어를 선택한 다음에 문자열(해당 언어)을 입력하면, 안드로이드 스튜디오는 구문 강조(Syntax Highlighting), 코드 자동 완성(Code Completion), 힌트 등의 에디터 기본 기능을 제공합니다.

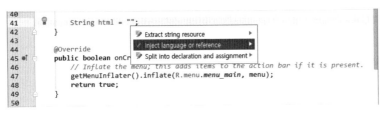

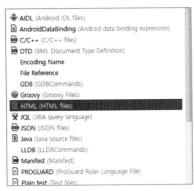

안드로이드 스튜디오의 에디터 기능은 여기에서 멈추지 않습니다. 문자열 위에서 다시 한 번 Alt + Enter를 치고 팝업 창에 있는 [Edit HTML Fragment](HTML 조각 편집)라는 항목을 선택하면 화면 아래에 HTML 편집기가 나타납니다.

이 HTML 편집 창에서 입력한 코드는 에디터 윈도우의 문자열 코드에 실시간으로 반영됩니다. 이 편집 창은 완벽한 HTML 편집기입니다. 에디터 윈도우의 명령도 그대로 동작합니다. !를 입력하고 Tab 키를 누르면 HTML 5 기본 명령이 입력됩니다. 화면의 라이브 템플릿에서 볼 수 있듯이 !는 HTML5 코드를 생성하는 Zen HTML 라이브 템플릿입니다.

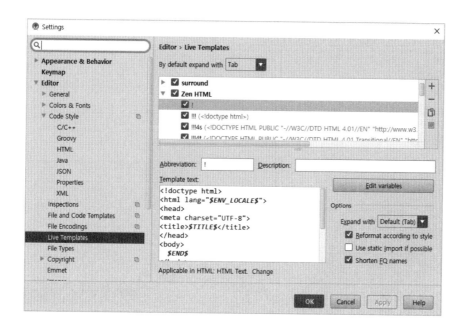

Ctrl + Alt + L을 누르면 코드가 정리됩니다. 여러 줄도 이루어진 코드를 한 줄로 만들려면 Ctrl + Shift + J를 여러 번 누릅니다. 메인 메뉴 [Editor > Join Lines](줄 합치기)입니다. 입력할 때는 여러 줄로 입력하고, 완성한 다음 코드를 합치면 깨끗한 코드를 얻을 수 있습니다.

⓯ 내비게이션(Navigation)

내비게이션의 중심은 물론 프로젝트 툴 윈도우입니다만 안드로이드 스튜디오는 좀더 다양한 도구들을 준비해 놓고 있습니다.

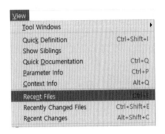

우선 사용자가 사용한 최근 파일을 찾는 기능입니다. 이것은 웬만한 워드프로세서나 텍스트 에디터에도 있지만 안드로이드 스튜디오에는 추가로 몇 개가 더 있습니다. 그리고 좀 더 스마트합니다. 이것은 메인 메뉴 [View > Recent Files(최근 파일) | Recently Changed Files(최근에 변경된 파일) | Recent Changes(최근 변경)]에서 선택할 수 있습니다.

안드로이드 스튜디오는 최근에 사용한 파일 50개를 기억하고 있으며 개수 변경도 가능합니다. 메인 메뉴 [Settings > Editor > General의 Limits]에서 숫자 50을 바꾸면 됩니다.

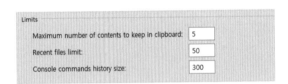

최근 파일은 단축키가 Ctrl + E입니다. 상당히 좋은 단축키가 배정된 것으로 보아 많이 사용되는 명령임을 알 수 있습니다. 그리고 최근에 변경된 파일은 단축키가 Ctrl + Shift+ E입니다.

안드로이드 스튜디오는 사용자의 내비게이션 활동도 기억하고 있습니다. 내비게이션 활동이란 커서의 이동, 탭의 변경, 파일 활성화 등입니다. Ctrl + Alt + 좌우 화살표 키를 누르면 사용자가 좀 전에 어디에 위치하고 있었는지 정확히 알 수 있습니다.

최근 변경(Recent Changes)은 에디터와는 다소 동떨어져 있는 내비게이션입니다. 외부 변경까지도 추적합니다. 버전 관리와 연관되어 있지만 그것을 작동시키지 않아도 기본적으로 동작합니다. 아래 화면에는 방금 전 Obsidian 테마를 설치한 것이 나타나 있습니다.

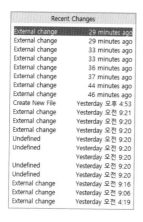 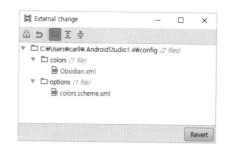

안드로이드 스튜디오는 메인 메뉴 [Navigate]에 본격적
인 내비게이션 도구들을 모아놓았습니다. 위쪽 항목들은
찾기와 관계되어 있습니다. 클래스, 파일, 심벌 등을 찾는
도구입니다. 심벌(Symbol)이란 코드에서 사용된 각종 이
름(변수 이름, 메서드 이름, 클래스 이름 등)을 말합니다.
이름(Name)을 찾는 것이라서 단축키를 N으로 통일시켜 놓
았습니다.

안드로이드 스튜디오의 막강 단축키는 Shift 두 번, 바로 [Search Everywhere](모든 곳 찾
기)입니다. Shift + Shift는 그야말로 모든 것을 찾습니다. Shift 두 번은 왼쪽이나 오른쪽이
나 상관없지만 왼쪽과 오른쪽 Shift 키 조합은 안 됩니다. Shift 키를 두 번 누르면, 우선 최근
파일 목록이 나타납니다.

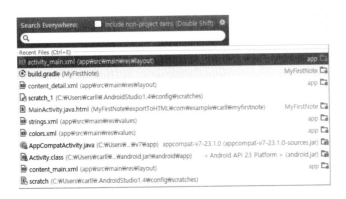

입력 창에 글자를 입력하기 시작하면 실시간으로 클래스와 심벌로 구분 지어 찾아 줍니다.
이때 탭 키를 누르면 클래스 / 심벌 사이를 이동합니다.

다시 Shift 키를 두 번 누르면 타이틀 바의 체크 박스에 체크가 되고 또 두 번 누르면 체크가 해제됩니다.

그리고 타이틀 바 오른쪽의 설정 버튼을 클릭하면 파일, 심벌, 툴 윈도우 등의 검색 여부도 직접 지정할 수 있습니다.

뿐만 아니라 Search Everywhere는 IDE의 액션이나 세팅까지도 찾아 줍니다. 예를 들어 breakp를 입력하면 이 글자가 들어간 클래스와 더불어 Breakpoint 명령과 관련된 모든 것을 찾습니다. 여기에서 체크를 하거나 해제할 수도 있습니다.

또 다른 유용한 내비게이션 도구로 [Select In...]이
있습니다. 단순키가 Alt + F1입니다. 타깃을 선택하
는 툴입니다. 예컨대 Alt + F1을 누르고 8을 누르면
화면에 파일 탐색기가 띄워지는 식입니다.

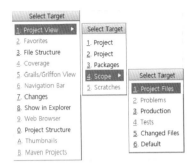

그리고 단축키가 Alt + Home인 Jump to Navigation Bar(내비게이션 바로 점프하기)도 빼
놓을 수 없습니다. [Select In...]과 더불어 이것은 특히 내비게이션 바를 해제하고 다른 툴
윈도우 없이 에디터 윈도우만 화면에 띄워 놓고 작업할 때 유용합니다.

이때 Alt + Home을 누르면 내비게이션 바가 화면 중간에 나타나는데 화살표 키로 디렉터리
를 탐색할 수 있습니다. [Related Symbol...](관련 심벌)의 단축키는 여기에 Ctrl만 더 넣은
Ctrl + Alt + Home입니다.

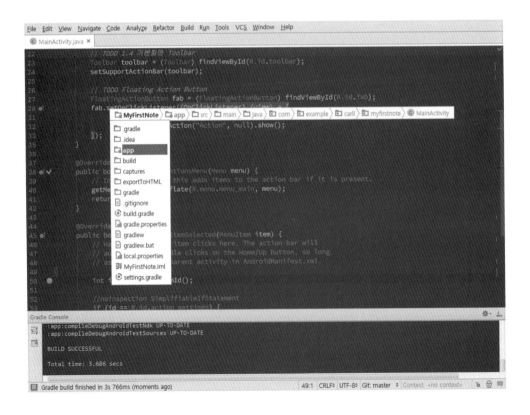

키맵(Keymap)

안드로이드 스튜디오는 키보드 중심의 IDE입니다. 따라서 마우스를 사용하는 모든 동작은 키보드 단축키로도 실행할 수 있습니다.

만일 작업 중에 단축키가 생각나지 않는다면 메인 메뉴 [Help > Default Keymap Reference](키맵 기본값 참조)를 선택합니다. 그러면 젯브레인스의 홈페이지에서 IntelliJIDEA_ReferenceCard .pdf가 다운로드됩니다. 이 PDF 파일에는 안드로이드 스튜디오 의 단축키가 상황별로 요약되어 있습니다.

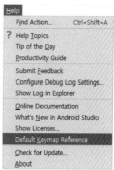

물론 사용자의 필요에 따라 기본 키맵을 바꿀 수 있습니다. 이것은 [Settings > Keymap]에서 설정합니다. 안드로이드 스튜디오에서는 이클립스(Eclipse), 넷빈스(NetBeans), 비주얼 스튜디오 등의 키맵을 그대로 사용 가능한데, 이렇게 미리 정의된 키맵은 [Keymaps] 드롭 다운 메뉴에서 선택할 수 있습니다.

그리고 이 키맵의 내용을 바꾸려면, 테마 변경에서처럼 메뉴 오른쪽에 있는 [Copy] 버튼을 눌러 사본을 만들어야 합니다. 아래 화면의 Work는 기본 키맵을 복사한 것입니다. Work 키맵은 복사만 했지, 아직 내용 변경을 하지 않았으므로 가운데 [Reset] 버튼은 활성화되지 않고 [Delete] 버튼만 클릭이 가능합니다. Default나 이클립스 등 미리 정의된 키맵들은 언제나 [Reset], [Delete] 버튼이 비활성 상태입니다. 오직 [Copy] 버튼만 활성화되어 있습니다.

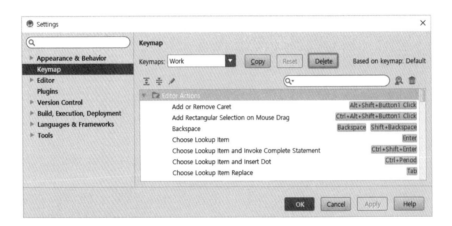

그 아래 네모 상자 안에는 키들이 나열되어 있는데, 왼쪽의 펼치기 / 접기 아이콘을 이용하여 상자 안의 키들을 정리하면 한층 보기가 좋습니다.

찾기 텍스트 박스에 글자를 입력하여 키를 찾습니다. 왼쪽의 돋보기 아이콘을 클릭하면 그동안 입력했던 글자 목록이 아래로 펼쳐집니다. 오른쪽의 동작 돋보기는 단축키로 키맵을 검색하는 버튼입니다. 그 옆의 쓰레기통 버튼은 글자나 단축키 입력으로 필터링했던 키맵을 초기화합니다.

필터 세팅(Filter Settings)에 단축키 Alt + J를 입력합니다. 상자 안에는 멀티 커서에서 논의했던 [Add Selection for Next Occurrence](다음번 경우 선택 추가하기)가 나타납니다. 이것을 서브라임 텍스트의 단축키인 Ctrl + D로 바꾸어 보겠습니다.

먼저 [Add Selection for Next Occurrence]를 선택하고 오른쪽 마우스 버튼을 클릭합니다. 이어지는 콘텍스트 메뉴에서 [Remove Alt + J]를 선택해 단축키를 제거합니다. 펼치기 / 접기 옆의 연필 버튼을 클릭해도 콘텍스트 메뉴와 같은 항목들이 나타납니다.

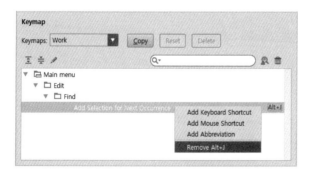

그런 다음 메뉴에서 [Add Keyboard Shortcut](키보드 단축키 추가)을 선택합니다. 그러면 [Enter Keyboard Shortcut](키보드 단축키 입력) 대화 창이 나타납니다. First Stroke(첫 번째 누르기)에 Ctrl+D를 입력합니다. 이 단축키는 추가적인 누르기가 없으므로 Second Stroke에는 체크하지 않습니다. 만일 Second Stroke에 체크하고 아래 텍스트 박스에 "1"을 입력한다면, 이 단축키는 Ctrl + D를 누른 다음에 한 박자 쉬고 1을 누르는 두 단계 입력이 됩니다.

"Ctrl+ D"는 상당히 많은 키에 배정되어 있습니다. 많은 충돌이 일어납니다. [Duplicate Line or Block](라인 또는 블록 복사)의 단축키가 Ctrl + D입니다. 이것을 제대로 확인하기 위해 키맵에서 "Ctrl+D"를 검색해 본 것이 다음 화면입니다.

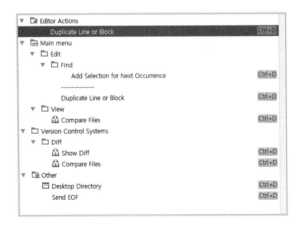

아무튼 서브라임 텍스트의 단축키인 Ctrl + D로 바꾸기로 했으므로 다른 동작에 배정된 단축키는 지웁니다. 아래 화면에서 [Remove] 버튼을 클릭하면 [Add Selection for Next Occurrence]의 단축키로 Ctrl + D를 사용할 수 있습니다.

안드로이드 스튜디오의 기본 키맵에 "Ctrl+ D"가 상당히 많은 곳에 배정되어 있음에도 불구하고 충돌이 일어나지 않는 것은 각각의 단축키가 사용된 상황, 즉 콘텍스트가 다르기 때문입니다. 따라서 해당 단축키가 쓰인 곳의 콘텍스트를 충분히 고려한 후에 키맵 변경을 하는 것이 안전합니다.

끝으로 [Add Abbreviation](축약형 추가)에 대해 알아보겠습니다. 연필 아이콘 또는 콘텍스트 메뉴에서 [Add Abbreviation]을 선택합니다. 이어지는 대화 창에 축약 텍스트를 써넣고 [OK] 버튼을 누릅니다.

그러면 동작에 대한 설명에서 단축키 옆에 나란히 축약 텍스트도 등록이 됩니다. 그러면 Shift 키를 두 번 눌러 찾는 Search Everywhere에서 이것을 검색할 수 있습니다.

Chapter 05 그레이들 벗겨 보기

그레이들 빌드 시스템의 기본 단위는 태스크(Task)입니다. 태스크는 미리 정해진 순서에 따라 일정한 액션이 수행되도록 합니다. 태스크는 액션(Action)으로 구성됩니다. 태스크는 오브젝트이며 액션은 메서드입니다. 앞서 보았던 그레이들 툴 윈도우에는 태스크 오브젝트만 나열되어 있습니다. 이것을 클릭하면 액션이 실행됩니다.

그레이들 빌드 시스템을 이용하려면 시스템에 그레이들을 설치해야 하는 것이 원칙입니다. 하지만 안드로이드 스튜디오는 시스템에 그레이들의 설치 없이 build.gradle을 실행합니다. 이것을 가능하게 하는 것이 gradlew.bat 파일입니다. 이 장에서는 그러한 원리들에 대해 알아보겠습니다.

1 그레이들 파일

안드로이드 스튜디오에서 새로운 프로젝트가 생성될 때 build.gradle 파일 두 개가 만들어집니다. 하나는 루트, 즉 프로젝트 폴더에 있고 다른 하나는 루트 아래의 app 폴더에 있습니다. 안드로이드 스튜디오는 build.gradle 파일에 한해서 에디터 윈도우 탭에 파일 이름 대신에 build.gradle 파일이 담긴 폴더 이름을 사용합니다. 그레이들 아이콘 옆에 폴더 이름을 표시하여 build.gradle 파일들을 구별합니다.

그레이들 관련 파일들은 [Project Structure] 대화 창에서 수정이 가능합니다. 이 대화 창은 메인 메뉴 [File > Project Structure...]를 선택하거나 툴바의 [Project Structure] 아이콘을 클릭하면 부를 수 있습니다.

[Project Structure] 대화 창에서 가장 위쪽에 있는 항목은 [SDK Location]입니다. 이에 대응하는 파일이 local.properties입니다. [Project Structure] 대화 창에서 아래쪽의 푸른 색 [Download] 글자를 클릭하면 Android NDK 컴포넌트가 다운로드됩니다. 이것은 local.properties 파일에 곧바로 반영됩니다.

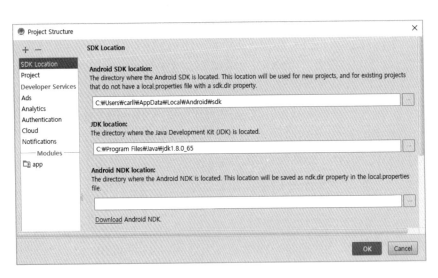

local.properties 파일에는 주석 형식으로 "이 파일은 안드로이드 스튜디오에서 자동으로 생성되는 파일이므로 변경하지 말라"는 설명이 달려 있습니다. 이 파일을 버전 관리 시스템에 포함시키지 말라는 설명도 덧붙여 놓았습니다. 컴퓨터 시스템마다 SDK와 NDK의 설치 위치가 다르기 때문입니다.

```
1   ## This file is automatically generated by Android Studio.
2   # Do not modify this file -- YOUR CHANGES WILL BE ERASED!
3   #
4   # This file must *NOT* be checked into Version Control Systems,
5   # as it contains information specific to your local configuration.
6   #
7   # Location of the SDK. This is only used by Gradle.
8   # For customization when using a Version Control System, please read the
9   # header note.
10  #Tue Jan 12 03:40:53 KST 2016
11  ndk.dir=C\:\\Users\\carll\\AppData\\Local\\Android\\sdk\\ndk-bundle
12  sdk.dir=C\:\\Users\\carll\\AppData\\Local\\Android\\sdk
13
```

루트에 있는 build.gradle 파일은 [Project Structure] 대화 창 [Project] 항목과 연결되어 있습니다. 이곳에서 내용을 수정하면 프로젝트 루트의 build.gradle 파일에 곧바로 반영됩니다.

[Project Structure] 대화 창의 가장 아래에 있는 app 항목은 app 폴더의 build.gradle 파일과 연결됩니다. 여기에는 [Properties | Signing | Flavors | Build Types | Dependencies] 탭이 있는데, build.gradle 파일의 내용에 수정을 가하면 탭의 내용도 곧바로 바뀝니다. 이 가운데 Build Types, Flavor, Dependencies는 메인 메뉴 [Build > Edit Build Types... | Edit Flavors... | Edit Libraries and Dependencies...]를 선택해 편집할 수 있습니다. [Build > Select Build Variant...]를 선택하면 빌드 배리언트 툴 윈도우로 커서가 이동합니다.

안드로이드 스튜디오에서 Ctrl 키를 누른 채로 마우스를 단어 위로 움직이면 간단한 설명이 팝업으로 나타납니다. 자바 파일에서는 IDE가 클래스와 메서드의 쓰임새를 파악해 알려줍니다. build.gradle 파일에서도 이러한 팝업이 나타납니다. 팝업의 설명을 보면 app 폴더의 build.gradle 파일에서 android는 클래스이고 나머지는 메서드입니다.

```
apply plugin: 'com.android.application'

android {
    compileSdkVersion 23
    buildToolsVersion '23.0.2'

    defaultConfig {
        applicationId "com.example.car11.myapplication"
        minSdkVersion 15
        targetSdkVersion 23
        versionCode 1
        versionName "1.0"
    }
    buildTypes {
        release {
            minifyEnabled false
            proguardFiles getDefaultProguardFile('proguard-android.txt'),
        }
Project
void dependencies (Closure configureClosure)

    dependencies {
        compile fileTree(include: ['*.jar'], dir: 'libs')
        testCompile 'junit:junit:4.12'
        compile 'com.android.support:appcompat-v7:23.1.1'
        compile 'com.android.support:design:23.1.1'
    }
}
```

팝업 설명이 나타나면서 명령이 파란색 밑줄로 바뀌면, 마우스를 클릭하여 해당 메서드가 정의된 곳으로 이동할 수 있습니다. 마우스 오른쪽 버튼 [Go To > Declaration]을 선택해도 됩니다. 이때 에디터 윈도우에 나타나는 것은 자바 파일이며, 이 자바 파일의 위치는 [Android Studio\gradle\m2repositoies]입니다. 그레이들 파일의 명령들이 실제로는 자바 클래스, 자바 메서드임을 알 수 있는 대목입니다.

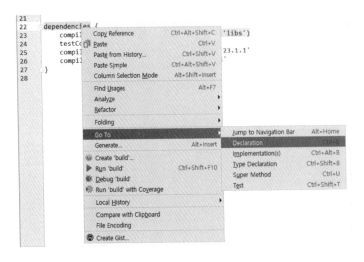

가장 간단한 build.gradle

build.gradle 파일은 안드로이드 스튜디오를 통하지 않고서도 생성할 수 있습니다. 빌드 스크립트는 텍스트로 이루어진 파일이기 때문입니다.

가장 간단한 build.gradle 파일을 만들어 보겠습니다. TheSimpleGradle이라는 디렉터리 안에서 다음과 같이 터미널 명령을 입력합니다.

```
touch build.gradle
```

이것은 유닉스 명령인데, cmder에서는 간단한 유닉스 명령도 작동합니다. cmder를 사용하지 않는다면 copy con build.gradle을 입력하든지(입력 후 Enter 두 번, 그리고 Ctrl + C) 또는 파일 탐색기에서 마우스 오른쪽 클릭하면 나타나는 콘텍스트 메뉴에서 [새로 만들기 - 텍스트 문서]를 선택합니다. 아무튼 내용이 아무 것도 없는 build.gradle 파일을 만듭니다.

```
C:\Users\carll\AndroidStudioProjects\TheSimpleGradle
λ touch build.gradle

C:\Users\carll\AndroidStudioProjects\TheSimpleGradle
λ dir
 C 드라이브의 볼륨에는 이름이 없습니다.
 볼륨 일련 번호: A28F-6146

 C:\Users\carll\AndroidStudioProjects\TheSimpleGradle 디렉터리

2015-12-13  오전 04:50    <DIR>          .
2015-12-13  오전 04:50    <DIR>          ..
2015-12-13  오전 04:50                 0 build.gradle
               1개 파일                  0 바이트
               2개 디렉터리  180,680,339,456 바이트 남음

C:\Users\carll\AndroidStudioProjects\TheSimpleGradle
λ |
```

그런 다음에 build.gradle 파일을 안드로이드 스튜디오 초기 화면에서 엽니다. [Import project(Eclipse ADT, Gradle, etc.)]입니다. 안드로이드 스튜디오가 실행중이라면 메인 메뉴 [File > Open...]에서 build.gradle 파일을 열어도 됩니다.

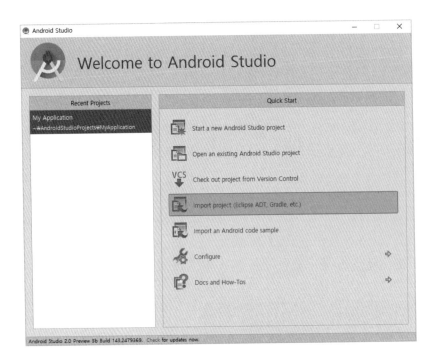

build.gradle 파일 앞에 그레이들 아이콘이 붙어 있습니다. 안드로이드 스튜디오가 이 파일을 인식하고 있다는 표시입니다.

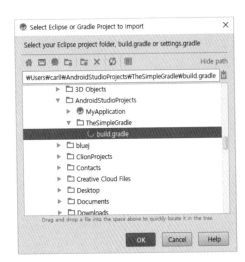

build.gradle 파일을 열면 Gradle Sync 메시지가 나타납니다. 프로젝트의 그레이들 세팅이 아직 이루어지지 않았는데 Gradle Wrapper를 이용할지 묻는 내용입니다. Gradle Wrapper 를 이용하려면 [OK] 버튼을 클릭하고 [Cancel] 버튼을 클릭하면 수동으로 Gradle을 설정 해야 한다는 설명입니다.

[Wrapper]는 영어로 "휘감아 덮는 포장지"라는 뜻으로 글자 그대로 번역하면 "그레이들 포장"입니다. Gradle Wrapper은 별도로 그레이들을 시스템에 설치하지 않고도 이용할 수 있도록 합니다.

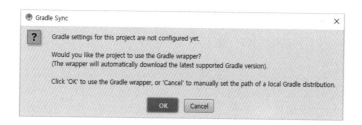

[OK] 버튼을 클릭합니다. 그러면 안드로이드 스튜디오는 build.gradle 파일에 담긴 정보를 토대로 프로젝트를 불러옵니다.

이 build.gradle 파일에는 물론 아무 내용도 없습니다.

프로젝트 툴 윈도우의 Android 뷰에서는 아무 것도 보이지 않습니다. 안드로이드와 관련된 것이 전혀 없기 때문입니다. 툴 윈도우를 Project 뷰로 전환하면 이 폴더의 실제 구조를 살펴 볼 수 있습니다.

앞에서 이 폴더에는 아무 내용이 없는 build.gradle 파일만 만들었습니다. 그런데 이 폴더 안에 .idea, gradle 폴더가 새로 생겼고, gradle 폴더 안의 wrapper 폴더에는 gradle-wrapper.jar 와 gradle-wrapper.properties 파일이 새로 생성되었습니다. .idea 폴더는 특별히 이 프로 젝트에서만 사용되는 안드로이드 스튜디오 IDE 설정에 관한 내용이 담겨 있습니다.

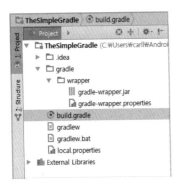

그리고 프로젝트 루트 폴더에 gradlew, gradlew.bat, local.properties 파일도 새로 생성되었습니다. local.properties 파일은 보통의 안드로이드 프로젝트와 똑같습니다. NDK와 SDK의 설치 위치에 대한 정보가 담겨 있습니다.

gradlew.bat은 batch 파일입니다. 명령어들이 나열되어 있는 텍스트 파일입니다. 윈도우 명령 프롬프트에서 이 파일의 이름을 입력하면 이 파일 안에 담겨 있는 명령어들이 하나씩 실행됩니다. 이 파일을 에디터 윈도우에 불러들이면, 안드로이드 스튜디오는 관련 플러그인을 설치할 것인지 물어봅니다. 이 플러그인을 설치하면 gradlew.bat의 코드가 컬러로 표시되므로 한결 보기에 낫습니다. 확장자가 붙지 않은 gradlew 파일은 윈도우 시스템의 gradlew.bat과 같은 기능을 하는 것으로서 매킨토시나 리눅스 시스템에서 쓰는 스크립트 파일입니다.

이제 그레이들 툴 윈도우를 열어보겠습니다. build.gradle 파일에 아무 내용이 없음에도 불구하고 태스크들이 정의되어 있습니다. 이것이 유명한 "설정보다는 관례(Conventions over Configuration)"라는 개념입니다.

보통 "CoC"라고 약자로 표시하는데, 위키피디아의 표현을 빌리면 "관례에 따른 코딩. 개발자가 내려야 하는 수많은 결정들(decisions)을 줄여 줌으로써 단순성(simplicity)을 확보하지만, 그에 따른 유연성(flexibility) 감소도 방지하는 소프트웨어 디자인 패러다임"입니다.

좀 더 쉽게 말한다면 "특별한 이유가 없는 한, 그냥 하던 대로"가 CoC의 개념입니다. 그래서 아무 내용이 없는 build.gradle 파일에도 관례(Conventions), 즉 기본 설정(default Configuration)이 있습니다. 여기에 설정을 가하면 관례가 바뀝니다.

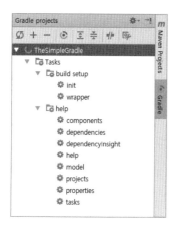

그레이들 툴 윈도우에서 태스크를 더블클릭하면 실행(Run) 툴 윈도우에서 해당 태스크가 실행됩니다. 그레이들 태스크는 터미널에서도 실행할 수 있습니다.

③ Gradle Wrapper

터미널을 열고 다음을 입력합니다.

```
gradlew tasks
```

그러면 이 프로젝트의 모든 태스크들이 열거됩니다. 이때 명령어가 gradle이 아니라 gradlew임을 주목하기 바랍니다. 끝에 w가 붙어 있습니다.

```
C:\Users\carll\AndroidStudioProjects\TheSimpleGradle
λ gradlew tasks
:tasks
------------------------------------------------------------
All tasks runnable from root project
------------------------------------------------------------

Build Setup tasks
-----------------
init - Initializes a new Gradle build. [incubating]
wrapper - Generates Gradle wrapper files. [incubating]

Help tasks
----------
components - Displays the components produced by root project 'TheSimpleGradle'. [incubating]
dependencies - Displays all dependencies declared in root project 'TheSimpleGradle'.
dependencyInsight - Displays the insight into a specific dependency in root project 'TheSimpleGradle'.
help - Displays a help message.
model - Displays the configuration model of root project 'TheSimpleGradle'. [incubating]
projects - Displays the sub-projects of root project 'TheSimpleGradle'.
properties - Displays the properties of root project 'TheSimpleGradle'.
tasks - Displays the tasks runnable from root project 'TheSimpleGradle'.

To see all tasks and more detail, run gradlew tasks --all

To see more detail about a task, run gradlew help --task <task>

BUILD SUCCESSFUL

Total time: 1.814 secs
C:\Users\carll\AndroidStudioProjects\TheSimpleGradle
λ
```

사용자의 컴퓨터에 그레이들을 설치했다면 터미널에 gradle이라고 입력하든, gradlew라고 입력하든 상관이 없습니다. gradle이라고 입력했다면 그레이들 파일을 시스템에서 불러오고, gradlew라고 입력했다면 프로젝트 루트의 gradle 폴더에서 그레이들 파일을 불러옵니다.

이것은 gradle -version 명령으로 쉽게 구별됩니다. 필자의 윈도우 시스템에는 gradle 2.9 최신 버전이 설치되어 있습니다. 안드로이드 스튜디오에서는 이보다 하나 낮은 gradle 2.8 버전을 생성합니다.

```
C:\Users\carll\AndroidStudioProjects\TheSimpleGradle
λ gradle -version
------------------------------------------------------------
Gradle 2.9
------------------------------------------------------------

Build time:   2015-11-17 07:02:17 UTC
Build number: none
Revision:     b463d7980c40d44c4657dc80025275b84a29e31f

Groovy:       2.4.4
Ant:          Apache Ant(TM) version 1.9.3 compiled on December 23 2013
JVM:          1.8.0_65 (Oracle Corporation 25.65-b01)
OS:           Windows 10 10.0 amd64

C:\Users\carll\AndroidStudioProjects\TheSimpleGradle
λ gradlew -version
------------------------------------------------------------
Gradle 2.8
------------------------------------------------------------

Build time:   2015-10-20 03:46:36 UTC
Build number: none
Revision:     b463d7980c40d44c4657dc80025275b84a29e31f

Groovy:       2.4.4
Ant:          Apache Ant(TM) version 1.9.3 compiled on December 23 2013
JVM:          1.8.0_65 (Oracle Corporation 25.65-b01)
OS:           Windows 10 10.0 amd64

C:\Users\carll\AndroidStudioProjects\TheSimpleGradle
λ
```

그레이들 빌드 시스템에서 gradlew 파일, 즉 Gradle Wrapper를 만드는 이유는 특정 시스템과 버전에 구애받지 않기 위해서입니다. gradlew을 실행하면 필요한 그레이들 버전이 자동으로 다운로드되어 빌드가 이루어집니다. 이것이 gradle 폴더의 gradle-wrapper.jar 파일입니다. 그리고 gradle-wrapper.properties 파일에는 그레이들 파일의 버전과 다운로드 받을 주소 등의 정보가 담겨 있습니다.

```
C:\Users\carll\AndroidStudioProjects\TheSimpleGradle
λ tree /f
폴더 PATH의 목록입니다.
볼륨 일련 번호는 A28F-6146입니다.
C:.
    build.gradle
    gradlew
    gradlew.bat
    local.properties
    TheSimpleGradle.iml

└gradle
    └wrapper
            gradle-wrapper.jar
            gradle-wrapper.properties

C:\Users\carll\AndroidStudioProjects\TheSimpleGradle
λ |
```

Gradle Wrapper는 Gradle을 직접 구동하는 것과 다르지 않습니다. 안드로이드 스튜디오는 사용자의 편의를 위해 새로운 프로젝트를 생성할 때마다 Gradle Wrapper를 프로젝트에 포함시키고 있습니다. 컴퓨터 시스템에 직접 Gradle을 설치해서 프로젝트마다 수동으로 세팅하는 것도 가능하지만, Gradle Wrapper는 수동 작업과 똑같고 게다가 어느 시스템에서건 Gradle의 정확한 버전을 맞춰 주기 때문에 이를 마다할 이유는 전혀 없습니다. 그리고 버전 관리 시스템을 이용해 팀 작업을 하거나, 지속적인 통합(Continuous Integration) 등 외부 서버를 이용한 빌드 시스템에서 Gradle Wrapper는 필수적이라 할 수 있습니다.

4 build.gradle 파일

아무 내용이 없는 build.gradle 파일에 태스크를 추가해 보겠습니다. 다음은 "Hello World"라는 글자를 출력하는 태스크입니다. 태스크의 이름은 "hello"입니다.

```
task hello {
    println 'Hello World'
}
```

build.gradle에 이것을 입력한 후 그레이들 툴 윈도우에서 [Refresh all Gradle projects] 아이콘을 클릭하면 other 폴더에 hello 태스크가 새로 생깁니다. 이것을 더블클릭하면 태스크가 실행되어 실행(Run) 툴 윈도우에 "Hello World"라는 글자가 출력됩니다.

이 태스크를 터미널에서 실행하는 명령은 다음과 같습니다.

```
gradlew hello
```

```
C:\Users\carll\AndroidStudioProjects\TheSimpleGradle
> gradlew hello
Hello World
:hello UP-TO-DATE

BUILD SUCCESSFUL

Total time: 1.746 secs
C:\Users\carll\AndroidStudioProjects\TheSimpleGradle
>
```

이제 좀 더 복잡한 태스크를 넣어보겠습니다. 다음 화면에서처럼 build.gradle 파일에 다음 명령을 hello 태스크 위에 덧붙입니다.

```
apply plugin: 'java'
```

불과 한 줄을 추가했을 뿐인데 그레이들 툴 윈도우에 새로 생긴 태스크는 build 폴더에 8개,
documentation 폴더에 1개, other 폴더에 4개, verification 폴더에 2개 등 모두 15개의 태
스크가 새로 만들어졌습니다. 자바 빌드의 관례(Convention)에 따라 태스크들이 생성되는
것입니다.

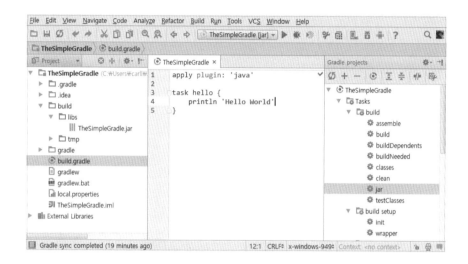

이 가운데 jar 태스크를 실행해 봅니다. jar 태스크를 더블클릭하면 프로젝트 루트에 build >
libs 폴더가 만들어지고 그 안에 TheSimpleGradle.jar 파일이 생성됩니다. 이 프로젝트에
는 자바 파일이 없고 오직 build.gradle뿐인데도 jar 파일이 만들어집니다.

터미널에서 이 태스크를 실행하는 명령은 gradlew jar입니다. build라는 태스크가 jar 태스
크보다 더 많은 작업을 수행합니다.

```
C:\Users\carll\AndroidStudioProjects\TheSimpleGradle
λ gradlew build
:compileJava UP-TO-DATE
:processResources UP-TO-DATE
:classes UP-TO-DATE
:jar UP-TO-DATE
:assemble UP-TO-DATE
:compileTestJava UP-TO-DATE
:processTestResources UP-TO-DATE
:testClasses UP-TO-DATE
:test UP-TO-DATE
:check UP-TO-DATE
:build UP-TO-DATE

BUILD SUCCESSFUL

Total time: 2.378 secs
C:\Users\carll\AndroidStudioProjects\TheSimpleGradle
λ |
```

build 태스크는 실행에 앞서 complieJava, processResources, classes, jar, assemble, complieTestJava, processTestResources, testClasses, test, check 태스크를 먼저 실행시킵니다. jar 태스크도 그 중 하나입니다. 다시 말해 build 태스크를 실행하면 jar 태스크는 자동으로 수행됩니다.

clean은 생성된 build 폴더를 지우는 태스크입니다. 이것을 실행하면 build 폴더가 jar 파일과 함께 삭제됩니다. properties 태스크는 build.gradle에서 사용할 수 있는 변수들을 보여줍니다. 이 중에서 libsDir를 출력해 보겠습니다.

```
task hello << {
    println 'Hello World'
    println libsDir
}
```

println libsDir는 libsDir 변수의 값을 println 메서드를 이용해 출력하는 명령입니다. 이렇듯 사용자 태스크는 태스크에 명령을 추가하는 형태로 이루어져 있습니다. 이를 이용하면 여러 프로젝트에 반복해서 사용할 수 있는 자신만의 빌드 시스템의 구축이 가능해집니다.

```
C:\Users\carll\AndroidStudioProjects\TheSimpleGradle
λ gradlew hello
:hello
Hello World
C:\Users\carll\AndroidStudioProjects\TheSimpleGradle\build\libs

BUILD SUCCESSFUL

Total time: 2.333 secs
C:\Users\carll\AndroidStudioProjects\TheSimpleGradle
λ
```

이를 위해 그루비(Groovy)라는 프로그래밍 언어의 기초 개념을 이해하는 것이 필요합니다. 그레이들 빌드 스크립트가 그루비로 이루어져 있기 때문입니다.

Chapter 06 Groovy for Gradle

태스크(Task)는 그레이들 빌드 시스템의 기본 단위입니다. 그것은 액션(Action)으로 이루어져 있습니다. 액션은 메서드입니다. 따라서 build.gradle에 있는 대부분의 명령들은 메서드인데, 괄호도 없고 리턴 타입도 없고 도통 메서드 같지가 않아 생소합니다. 그루비 메서드이기 때문입니다.

그루비는 자바에서 나왔고 자바 버추얼 머신에서 동작합니다. 따라서 그루비는 자바의 모든 명령을 쓸 수 있지만 좀 더 간편하고 직관적인 문법 구조를 가지고 있습니다. 글레이들에서는 간편한 그루비 문법이 주로 사용됩니다. 그레이들의 액션들은 간편하기에 생소한 것입니다.

이 장에서는 그루비의 기본 개념에 대해 알아봅니다. 그루비는 자바 개발자라면 한 나절 정도면 익힐 수 있을 정도로 쉽습니다. 다른 프로그래밍 언어처럼 그루비도 "Hello, World!"로 시작해 보겠습니다.

1 Hello World

그루비 코드를 실행하려면 그루비 컴파일러를 설치해야 합니다. 하지만 안드로이드 스튜디오에는 그루비 컴파일러가 내장되어 있습니다. 더욱이 IDE에 훌륭한 그루비 콘솔까지 포함되어 있습니다. 메인 메뉴 [Tools > Groovy Console...]을 선택하면 화면 아래쪽에 그루비 콘솔이 나타납니다.

다음은 자바를 맨 처음 배울 때 쓰는 코드입니다.

```
System.out.println("Hello, world!");
```

이것을 그루비로 간단히 적을 수 있습니다.

```
println 'Hello, world!'
```

콘솔에 코드를 입력하고 Ctrl + Enter 또는 화면 왼쪽에 있는 툴 버튼의 실행 아이콘을 누르면 결과값이 나타납니다. 그루비 콘솔에서는 에디터 윈도우에 자바 코드를 넣을 때처럼 코드 완성(Code Completion) 기능이 지원됩니다. 그래서 sout라고 입력하고 Tab 키를 누르면 println이 화면에 나타납니다. 자바에서처럼 System.out.println();이 나타나는 것이 아닙니다. 이곳은 그루비 콘솔이기 때문에 콘텍스트에 그루비 명령이 나타납니다.

터미널에서처럼 위쪽 화살표(↑)를 누르면 그동안 입력한 코드가 하나씩 나타납니다. 콘텍스트 메뉴에서 [Clear All]을 선택하면 콘솔 화면이 깨끗하게 비워집니다.

당연히 build.gradle 파일에서도 그루비 코드를 테스트할 수 있습니다. 여기에서 그루비의 기초 개념을 이야기하는 것은 build.gradle에서 사용하기 위해서입니다. 물론 build.gradle 에서도 안드로이드 스튜디오의 자동 완성 기능이 작동합니다.

```
task hello {}
```

이 코드는 hello라는 태스크를 정의합니다. {} 안이 텅 빈, 아무 것도 없는 태스크입니다.

```
TheSimpleGradle ×
 1   //apply plugin: 'java'
 2   //
 3   //task hello << {
 4   //    println 'Hello World'
 5   //    println libsDir
 6   //}
 7   task hello {}
 8   System.out.println("Hello World!");
 9   println 'Hello World!'
10
```

터미널 창에서 태스크 hello를 실행합니다. 그레이들 툴 윈도우에서 hello 태스크를 더블클릭해도 됩니다. 그러면 아무 내용이 없는 hello 태스크를 실행한 후 println 메서드가 두 번 실행됩니다. -q(quiet)를 입력하면 태스크 제목이 나타나지 않습니다. println 메서드는 특정 태스크가 아니라 프로젝트 루트에 속하기 때문에 아무 태스크를 실행해도 "Hello World!"라는 글자가 출력됩니다.

```
C:\Users\carll\AndroidStudioProjects\TheSimpleGradle
λ gradlew hello
Hello World!
Hello World!
:hello UP-TO-DATE

BUILD SUCCESSFUL

Total time: 1.751 secs
C:\Users\carll\AndroidStudioProjects\TheSimpleGradle
λ gradlew -q hello
Hello World!
Hello World!
C:\Users\carll\AndroidStudioProjects\TheSimpleGradle
λ gradlew -q wrapper
Hello World!
Hello World!
C:\Users\carll\AndroidStudioProjects\TheSimpleGradle
λ
```

Hello World 코드를 살펴보면 자바와 그루비 간의 차이점을 쉽게 찾아볼 수 있습니다.

- System.out이 필요 없다.
- 문장 끝에 세미콜론(;)이 필요 없다.
- 메서드에 괄호가 필요 없다.
- String(문자열)에 싱글 쿼트(')를 써도 된다.

문자열에 싱글 쿼트(')를 쓰든 더블 쿼트(")를 쓰든 관계없지만, 더블 쿼트는 좀 특별한 경우에 사용합니다. 이른바 스트링 인터폴레이션(String Interpolation), 우리말로 하면 "문자열 사이 채움"입니다. 더블 쿼트 안의 문자열에 변수 이름을 써 넣어 변수값이 문자열과 함께 처리되도록 하는 것입니다.

```
def name = 'Groovy'
def age = 5
def greeting = "Hello, $name"
println "$greeting, Your name is ${name.toUppercase()}"
println "Your age is $age+1"
println "Your age is ${age + 1}"

【결과값】
Hello, Groovy, Your name is GROOVY
Your age is 5+1
Your age is 6
```

위 예문에서 볼 수 있듯이 $name이 더블 쿼트(") 문자열 안에서 한자리(placeholder)를 차지하고 있습니다. 이것은 "GString"이라고 불리는 것으로 $variable 또는 ${variable} 형태로 사용합니다. ${name.toUppercase()}에서처럼 ${variable} 꼴은 표현식이나 메서드 등이 들어갈 경우에 사용합니다.

그리고 그루비에서는 데이터 타입(Type)으로 def를 쓰면 어디든 통합니다. 그리고 프로그램의 어느 시점에서든 데이터 타입의 변경이 가능합니다. 이것을 동적(Dynamic) 데이터 타입이라고 합니다.

```
def var1 ='a'
println var1.class
var1 = 1
println var1.class

[결과값]
class java.lang.String
class java.lang.Integer
```

그루비의 스트링 인터폴레이션을 이용하면 동적인 코딩도 가능합니다. 다음은 현재 시간을 출력하는 코드입니다.

```
def method = 'toString'
println new Date()."$method"()
```

변수에서와 마찬가지로 메서드의 리턴 타입도 def라고 쓰면 됩니다. 파라미터의 데이터 타입도 def라고 쓰면 어떤 값이든 받을 수 있습니다.

```
def square(def num) { num * num }
println square(8)
def squareEight = square 8
println squareEight

[결과값]
64
64
```

그루비에서는 메서드에 reture라는 키워드를 사용하지 않아도 됩니다. 마지막 줄이 리턴 값입니다. 따라서 square(8)은 64입니다. 메서드에 괄호가 필요 없으므로 square 8도 64입니다.

하지만 println square 8이라고 적으면 오류가 납니다. 메서드 println, square의 범위가 어디까지인지 알 수 없기 때문입니다. 그래서 위 예제에서는 square 8을 변수 squareEight에 저장하고 그것을 출력했습니다. 또 파라미터의 def 타입을 생략하고 square(num)이라고 적어도 됩니다.

```
def square(num) { num + num }
println square(8)
println square('Eight')

[결과값]
16
EightEight
```

위 예제에서 보는 바와 같이 그루비에서 덕 타이핑(duck typing)을 지원합니다. 파라미터가 사용되는 양상에 따라 + 연산자가 달라집니다. 두 번째는 문자열 접합(concatenation)입니다.

② 그루비 클래스

그루비에서 클래스를 만드는 것은 자바와 비슷합니다만 좀더 간편한 문법 구조를 가지고 있습니다. 그루비도 자바에서처럼 class 키워드로 클래스를 선언합니다. 하지만 기본적으로 특별히 지정하지 않아도 다음과 같은 여섯 가지 패키지와 두 가지 클래스를 자동으로 불러옵니다.

```
import java.lang.* // 자바의 유일한 기본값
import java.util.*
import java.io.*
import java.net.*
import groovy.lang.*
import groovy.util.*
import java.math.BigInteger
import java.math.BigDecima
```

그루비에서는 클래스, 필드, 메서드에 접근 제어자(Access Modifier)가 없는 것이 특징입니다. 클래스와 메서드는 public, 필드는 private이 기본값입니다. 물론 접근 제어자를 추가해 기본값을 변경할 수 있습니다.

```
class Customer {
    String name
    int age = 30
    String email

    String showCustomer() {
        "name: $name, age: $age, email: $email"
    }
}

def customer = new Customer(
        name: "James",
        email: "James@example.com"
)

println customer.showCustomer()

[결과값]
name: James, age: 30, email: James@example.com
```

생성자(Constructor)도 자바보다 간편합니다. 위 예제에서는 파라미터에 필드 이름을 더해, 즉 속성-값(property-value)의 쌍으로써 오브젝트를 생성하고 있습니다. 속성-값의 쌍을 명기하지 않으면 age의 초기 설정값 30으로 생성됩니다.

```
customer.setName 'Tom'
customer.setAge 36
customer.setEmail 'Tom@example.com'

println customer.name
println customer.age
println customer.getEmail()

[결과값]
Tom
36
Tom@example.com
```

그리고 특별히 명시하지 않아도 게터(Getter)와 세터(Setter)가 자동으로 정의됩니다. customer.name처럼 필드 이름을 그대로 적더라도 실제로는 private인 필드값을 불러오는 것이 아니라 customer.getName()을 호출하는 것입니다. 이것은 다음 예제처럼 클래스에 getName()을 명기하면 확인할 수 있습니다.

```
class Customer {
    String name
    int age
    String email

    String showCustomer() {
        "name: $name, age: $age, email: $email"
    }
    String getName() {
        println 'Here, Getter of name!'
        name
    }
}

def customer = new Customer(name: "Charles")

println customer.name
println customer.getName()
```

```
[결과값]
Here, Getter of name!
Charles
Here, Getter of name!
Charles
```

③ 컬렉션

List, Set, Map 등 그루비의 컬렉션(Collections)은 자바보다 간편합니다. 특히 List와 Map
은 그레이들에서 많이 이용되는 컬렉션입니다. 문법도 간단해 대괄호([ ])에 항목들을 열거
하면 컬렉션이 정의됩니다.

```
List listChar = ['a', 'b', 'a', 'c', 'd', 'e']
def listNum = [3, 2, 1, 1, 4, 5]

println listChar.class
println listNum.class.getSimpleName()
println listChar.size()
println listNum.size()

[결과값]
java.util.ArrayList
ArrayList
6
6
```

List는 순서 있는 컬렉션이며 원소(element)의 중복이 허용됩니다. List는 컬렉션의 기본형
으로서 데이터 타입을 def라고 적으면 List로 정의됩니다.

반면 Set은 순서 없는 컬렉션입니다. 데이터 타입으로 def를 쓰면 as Set이라고 지정해야 합니다. Set의 원소는 유일한 값이라야 합니다. 따라서 중복이 허용되지 않습니다.

```groovy
Set listChar = ['a', 'b', 'a', 'c', 'd', 'e']
def listNum = [3, 2, 1, 1, 4, 5] as Set

println listChar.class
println listNum.class.getSimpleName()

println listChar.size()
println listNum.size()

[결과값]
java.util.LinkedHashSet
LinkedHashSet
5
5
```

위 예제에서 컬렉션의 원소가 같더라도 데이터 타입에 따라서 컬렉션의 개수가 달라집니다. Set으로 데이터 타입을 정의하면 원소는 유일한 값이어야 하기 때문에 'a'와 1은 한 번만 계산되어 컬렉션의 크기는 각각 5가 됩니다.

Map은 키-값(key-value)의 쌍입니다. 이때 키는 중복이 되어서는 안 됩니다. Map은 여러 가지 그레이들의 세팅과 메서드에서 사용됩니다. 키-값의 쌍은 콜론(:)으로 대응되고 원소들은 다른 컬렉션처럼 콤마(,)로 구분됩니다. 따라서 다음과 같이 Map을 정의할 수 있습니다.

```groovy
Map numberOne = [one:1, two:2, three:3]
def numberTwo = ["one":1, "two":2, "three":3]

println numberOne.size()
println numberOne.class
println numberOne.one
println numberTwo.two
println numberOne.get("one")
println numberOne["one"]
```

```
[결과값]
3
null
1
2
1
1
```

키의 데이터 타입이 문자열(String)이라면 Map을 선언할 때 싱글쿼트(')나 더블쿼트(")를 붙이지 않아도 됩니다. 그러면 Map의 키는 변수로 처리됩니다. 이것이 그레이들에서 가장 많이 사용되는 형식입니다.

println numberOne.class의 결과값이 [null]이라는 점에 주목하기 바랍니다. Map에서 점(.)을 찍고 속성(property)을 부르면 키에 대응하는 값이 나옵니다. class라는 키가 없으므로 [null]이라는 값이 출력되는 것입니다. numberOne.one은 numberOne.get("one"), numberOne["one"]은 똑같이 키 one에 대응하는 값(value)을 부르는 명령입니다.

4 클로저

그루비에는 메서드를 정의하는 아주 간편한 방법이 있는데 바로 클로저(Closure)입니다. 클로저는 파라미터를 받아들여 값을 리턴값을 반환하는 코드 블록입니다. 메서드 이름은 없지만 변수에 할당해 사용합니다. 메서드의 파라미터를 코드 블록 안에 넣고, 변수에 그 코드 블록을 할당합니다. 변수의 값이 코드 블록입니다.

```
Closure squareClosure = { num ->
    num * num
}
squareClosure 16

[결과값]
256
```

컴퓨터 프로그래밍에서 할당(assign)이란 변수에 메모리 공간을 부여함을 의미합니다. 이 메모리 공간에는 변수의 값이 담기게 되는데, 거기에 구체적인 값(value)이 아니라 코드 블록이 담긴다면 파라미터를 받아들일 수 있게 됩니다. 그러면 변수가 실질적으로는 메서드, 즉 함수가 되는 것입니다. squareClosure는 변수 모양새를 취하고 있지만 파라미터 16을 받아들여 변수값인 코드 블록을 거치면 256을 리턴하게 됩니다.

이 클로저는 그루비, 특히 그레이들에서 매우 중요한 역할을 합니다. build.gradle 파일에서 보이는 대괄호 { }는 클로저입니다.

squareClosure는 더욱 간단하게 바꿀 수 있는데, 파라미터가 한 개뿐이라면 그루비에서는 암묵적인 파라미터 it을 자동으로 붙여 줍니다. 파라미터가 없다면 it의 값은 [null]이 됩니다. 파라미터가 없거나 한 개뿐이라면 파라미터 전달을 의미하는 "num ->"도 생략할 수 있습니다.

```
Closure squareClosure = {
    it * it
}
squareClosure 16

[결과값]
256
```

이렇게 암묵적인 파라미터를 사용한다면 다음과 같이 코드를 매우 간결하게 할 수 있습니다. build.gradle의 android 블록이나 dependencies 블록은 모두 클로저입니다.

```
class PrintValue{
    def printClosure = {
        println "I'm Groovy Closure"
    }
}

def concise = new PrintValue().printClosure
concise()

[결과값]
I'm Groovy Closure
```

Chapter 07

디펜던시 관리

애플리케이션의 개발은 대체로 외부 또는 오픈소스 라이브러리를 이용하는 것이 보통입니다. 이제 라이브러리의 사용은 선택이 아니라 필수가 되었습니다. 디펜던시 관리(Dependency Management)는 모든 빌드 시스템에서 가장 중요한 특성이 되었습니다.

최초의 빌드 시스템인 메이크(make)는 여러 명령들을 정의하여 소프트웨어 빌드 작업을 수행하지만 시스템에 따라 사용 명령이 달라지는 단점이 있습니다. 이에 비해 아파치 앤트(Ant)는 빌드 환경 구성에 XML 파일을 사용하기 때문에 시스템에 구애를 받지 않아 큰 인기를 얻었지만 어떠한 디펜던시 관리도 없다는 것이 단점입니다.

빌드 시스템으로 앤트를 사용한다면 build.xml에 의존하는 모든 jar 파일의 이름과 위치를 적어 놓아야 합니다. 의존하는 라이브러리가 많지 않은 작은 애플리케이션이라면 앤트도 빌드 툴로서 전혀 손색이 없습니다.

하지만 애플리케이션이 수백 가지 라이브러리에 의존하고 있고 더욱이 라이브러리끼리도 의존하고 있어서 서로 충돌할 가능성이 있다면, 애플리케이션을 유지 보수하는 일은 많은 수고가 요구됩니다. 앤트의 이러한 단점을 극복하고자 등장한 것이 메이븐(Maven)입니다. 메이븐을 이용하면 디펜던시의 디펜던시, 즉 라이브러리의 버전 충돌도 쉽게 해결됩니다.

그레이들은 이러한 디펜던시 관리는 물론이고, 빌드 환성 구성이 XML 파일이 아니라 그루비 프로그래밍 언어로 되어 있다는 점에서 메이븐에 한 발 앞서 나아가는 빌드 시스템입니다. 이 장에서는 디펜던시 관리와 안드로이드 프로젝트에 디펜던시를 추가하는 여러 가지 방법에 대해 알아봅니다.

리포지토리

디펜던시 관리를 이야기할 때는 대체로 다른 사람들이 개발한 라이브러리 같은 외부 디펜던시를 의미합니다. 이것은 보통 온라인에서 다운로드 받기 때문에 원격(Remote) 리포지토리라고도 합니다.

이러한 라이브러리 관리를 일일이 손으로 하는 것은 상당히 번거로운 일입니다. 먼저 라이브러리가 어디에 있는지 알아서 jar 파일을 다운로드 받고 그것을 프로젝트 안에 복사해야 합니다. jar 파일의 이름에는 버전이 붙어 있지 않으므로 업데이트를 하려면 어떤 버전을 사용했는지 메모해 두어야 합니다. 또 버전 관리 시스템을 이용하고 있다면 거기에도 라이브러리를 포함해야 합니다. 그렇지 않으면 팀 멤버들은 또 다시 라이브러리를 다운로드해야 합니다.

하지만 안드로이드 스튜디오의 그레이들 빌드 시스템에서는 build.gradle 파일에 코드 몇 줄만 입력하면 이 모든 번거로운 일에서 해방됩니다. 바로 리포지토리(Repositories)를 이용하는 방법입니다.

```
repositories {
    jcenter()
}
```

리포지토리는 우리말로 "저장소"입니다. 즉 라이브러리가 저장되어 있는 장소입니다. jcenter는 안드로이드 스튜디오에서 jcenter를 기본 저장소로 사용하고 있습니다. jcenter는 빈트레이(bintray.com)가 운영하는 메이븐 저장소입니다. 새로운 프로젝트를 시작할 때 안드로이드 스튜디오는 프로젝트 루트의 build.gradle 파일에 jcenter를 리포지토리로 지정합니다.

```
 2
 3  buildscript {
 4      repositories {
 5          jcenter()
 6      }
 7      dependencies {
 8          classpath 'com.android.tools.build:gradle:1.5.0'
 9
10          // NOTE: Do not place your application dependencies here; they belong
11          // in the individual module build.gradle files
12      }
13  }
14
```

안드로이드 스튜디오에서는 mavenCentral도 사용할 수 있습니다. mavenCentral은 소나타이프(sonatype.org)가 운영하는 메이븐 저장소입니다. 둘 다 표준 안드로이드 라이브러리 저장소이지만 완전히 다른 장소에서 운영됩니다. 초기에 안드로이드 스튜디오의 기본 저장소는 mavenCentral이었지만, 로딩 속도가 느리고 개발자 친화적이지 않아서 기본 저장소를 jcenter로 변경했습니다. 하지만 여전히 mavenCentral도 지원합니다.

```
repositories {
    mavenCentral()
    mavenLocal()
}
```

mavenLocal도 사용할 수 있습니다. 이것은 사용자의 로컬 캐시(cache)로서 여기에 사용자 디펜던시를 추가할 수 있습니다. 기본적으로 이 저장소는 <사용자>₩.m2 폴더입니다.

그 외의 다른 저장소로부터 라이브러리를 가져오기 위해서는 저장소의 주소를 명시해 주어야 합니다. 그리고 원격 주소뿐 아니라 ../repo처럼 로컬 상대 주소도 사용 가능합니다. 또한 필요하다면 사용자, 비밀번호를 넣을 수 있습니다.

```
repositories {
    maven {
        url 'http://repo.mycompany.com/maven2'
        credentials {
            username 'user'
            password 'secret'
        }
    }
}
```

또 flatDir을 사용하여 로컬 파일 시스템을 저장소로 지정할 수 있지만 일관성이 떨어지기 때문에 추천되는 방법은 아닙니다.

```
repositories {
    flatDir {
        dirs 'lib'
    }
}
```

2 디펜던시의 표기

어떤 라이브러리를 이용할 것인지, 그 대상을 표시하는 것이 디펜던시 식별자(Classifier)입니다. 이것은 그룹(Group), 이름(Name), 버전(Version) 세 가지로 구성되어 있습니다. 그룹은 해당 라이브러리를 만든 조직이며 패키지 이름처럼 도메인 이름을 반대로 씁니다.

이름은 라이브러리의 이름입니다. 디펜던시 표기에서 이름은 반드시 명기해야 합니다. 그룹과 버전은 선택이지만, 좀더 확실한 식별과 자동 업데이트를 방지하기 위해 그룹과 버전을 함께 적는 것이 일반적입니다.

```
testCompile group: 'junit', name: 'junit', version: '4.12'
```

이것을 간략하게 쓰면 다음과 같습니다.

```
testCompile 'junit:junit:4.12'
```

app 폴더의 build.gradle 파일에는 디펜던시가 단축형으로 표기되어 있습니다. 물론 그룹, 이름, 버전을 적어도 똑같이 동작합니다.

```
21
22  dependencies {
23      compile fileTree(dir: 'libs', include: ['*.jar'])
24      testCompile group: 'junit', name: 'junit', version: '4.12'
25      compile 'com.android.support:appcompat-v7:23.1.1'
26      compile 'com.android.support:design:23.1.1'
27  }
28
```

첫 번째 줄을 제외한 나머지 세 줄에서 라이브러리 이름이 각각 junit, appcompat-v7, design입니다. 이름 앞에 있는 것이 그룹, 이름 뒤에 있는 것이 버전입니다.

라이브러리는 프로젝트 툴 윈도우에서도 표시되어 있습니다. 프로젝트 툴 윈도우의 뷰를 프로젝트(Project)로 변경하면 아래쪽에 [External Library]가 나타납니다. 그룹은 빼고 [라이브러리 이름]-[버전] 형식으로 표시되어 있습니다.

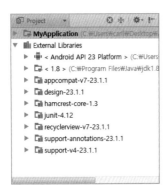

External Library에서 junit-4.12가 표시되지 않는다면, 그것은 빌드 배리언트 툴 윈도우가 안드로이드 기기 테스트(Android Instrumentation Tests)로 설정되어 있기 때문입니다. 안드로이드 기기 테스트에서는 junit 라이브러리를 이용하지 않습니다. Test Artifact를 유닛 테스트(Unit Tests)로 변경하면 junit이 나타납니다.

디펜던시가 또 다른 디펜던시를 필요로 할 수도 있습니다. 이러한 디펜던시의 디펜던시를 중간적 디펜던시(Transitive Dependency)라고 합니다. 그레이들 툴 윈도우에서 androidDependencies 태스크를 실행하면 이러한 디펜던시들을 살펴볼 수 있습니다.

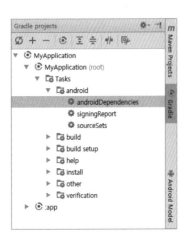

```
C:\Users\carll\AndroidStudioProjects\MyApplication
λ gradlew androidDependencies
:app:androidDependencies
debug
+--- com.android.support:appcompat-v7:23.1.1
|    \--- com.android.support:support-v4:23.1.1
|         \--- LOCAL: internal_impl-23.1.1.jar
\--- com.android.support:design:23.1.1
     +--- com.android.support:appcompat-v7:23.1.1
     |    \--- com.android.support:support-v4:23.1.1
     |         \--- LOCAL: internal_impl-23.1.1.jar
     +--- com.android.support:recyclerview-v7:23.1.1
     |    \--- com.android.support:support-v4:23.1.1
     |         \--- LOCAL: internal_impl-23.1.1.jar
     \--- com.android.support:support-v4:23.1.1
          \--- LOCAL: internal_impl-23.1.1.jar

debugAndroidTest
No dependencies

debugUnitTest
No dependencies

release
+--- com.android.support:appcompat-v7:23.1.1
|    \--- com.android.support:support-v4:23.1.1
|         \--- LOCAL: internal_impl-23.1.1.jar
\--- com.android.support:design:23.1.1
     +--- com.android.support:appcompat-v7:23.1.1
     |    \--- com.android.support:support-v4:23.1.1
     |         \--- LOCAL: internal_impl-23.1.1.jar
     +--- com.android.support:recyclerview-v7:23.1.1
     |    \--- com.android.support:support-v4:23.1.1
     |         \--- LOCAL: internal_impl-23.1.1.jar
     \--- com.android.support:support-v4:23.1.1
          \--- LOCAL: internal_impl-23.1.1.jar

releaseUnitTest
No dependencies

BUILD SUCCESSFUL

Total time: 4.63 secs
C:\Users\carll\AndroidStudioProjects\MyApplication
λ
```

build.gradle의 첫줄에서는 리포지토리를 이용하지 않고 디펜던시 블록에 직접 라이브러리 파일을 추가하고 있습니다.

```
dependencies {
    compile files('libs/a.jar', 'libs/b.jar')
    compile fileTree(dir: 'libs', include: '*.jar')
}
```

files는 라이브러리 파일을 열거하는 메서드이고 fileTree는 맵 형식으로 디렉터리에 포함되는 파일을 표시하는 메서드입니다. 안드로이드 스튜디오가 자동으로 생성해주는 프로젝트 루트의 build.gradle은 fileTree 형식으로 libs 폴더에 있는 모든 jar 파일을 디펜던시에 추가하고 있습니다.

그리고 그레이들에서는 시맨틱 버저닝(Semantic Versioning)을 따르고 있습니다. 시맨틱 버저닝이란 우리말로 "의미 있는 버전 번호 붙이기" 정도로 번역할 수 있는데, 버전 포맷이 [메이저.마이너.패치] 형식으로 표기되는 것입니다. 시맨틱 버저닝은 다음 규칙에 따라 버전 번호를 붙입니다.

● 메이저(Major): 하위 호환성을 보장하지 않는 변경
● 마이너(Minor): 하위 버전에 대해 호환성을 보장하는 변경
● 패치(Patch): 버그 수정

```
compile 'com.android.support:appcompat-v7:23.1.+'
compile 'com.android.support:appcompat-v7:23.1+'
compile 'com.android.support:appcompat-v7:+'
```

또 다이내믹 버전(Dynamic versions)을 이용해 빌드할 때마다 디펜던시의 최신 버전을 사용하는 것도 가능합니다. 위 예제에서 첫 번째는 최신 패치로 업데이트하라는 의미이며, 두 번째는 1로 시작하는 모든 마이너 버전의 업데이트하라는 뜻입니다. 세 번째는 라이브러리의 가장 최신 버전으로 빌드하라고 그레이들에게 지시합니다.

하지만 이러한 다이내믹 버전은 불안정한 빌드로 인해 일관되지 않은 실행이 초래될 수 있기 때문에 주의해야 합니다. 안드로이드 스튜디오에서도 다이내믹 버전을 쓰면 다음 화면처럼 경고 메시지를 띄우고 있습니다.

```
21
22    dependencies {
23        compile fileTree(dir: 'libs', include: ['*.jar'])
24        testCompile 'junit:junit:4.12'
25   💡   compile 'com.android.support:appcompat-v7:23.+'
```
Avoid using + in version numbers; can lead to unpredictable and unrepeatable builds (com.android.support:appcompat-v7:23.+) more... (Ctrl+F1)
```
28
```

디펜던시의 구성과 추가

디펜던시 관리는 디펜던시 구성(Configuration)과 디펜던시 식별자(Classifier)로 이루어져 있습니다. 우리는 앞에서 디펜던시 식별자, 즉 라이브러리를 살펴보았습니다.

디펜던시 구성은 디펜던시가 필요한 지점을 명시하는 것으로 안드로이드 스튜디오에서는 이것을 Scope(영역)라고 표현하고 있습니다. [Project Structure] 대화 창의 [Dependencies] 탭에서 각각의 라이브러리에 대한 Scope를 지정합니다.

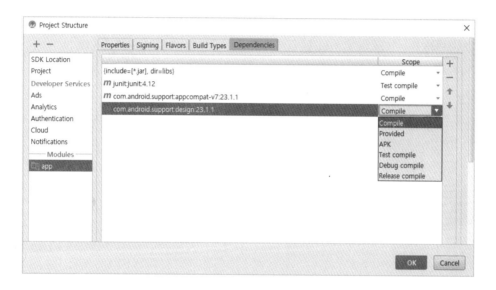

Compile은 애플리케이션 컴파일에 필요한 모든 디펜던시를 포함하는 기본 라이브러리 구성입니다. 클래스 패스(classpath)에는 물론이고 apk 파일에도 라이브러리 파일이 추가됩니다.

디바이스에 이미 라이브러리 파일이 포함되어 있다면 apk 파일에 굳이 라이브러리 파일을 넣을 필요가 없습니다. Provided는 이때 사용하는 구성입니다. 따라서 apk 파일에는 라이브러리 파일이 담기지 않습니다. APK는 정반대입니다. apk에만 라이브러리 파일이 추가되고 클래스 패스에는 담기지 않습니다.

junit은 테스트를 할 때만 사용합니다. 테스트가 아니라면 필요 없는 라이브러리입니다. Test compile은 이 경우에 사용합니다. Debug compile, Release compile는 각각 디버그, 릴리즈에 사용하는 구성입니다.

안드로이드 스튜디오에서 디펜던시의 추가는 build.gradle 파일에 직접 입력하기보다 [Project Structure] 대화 창을 이용하는 것이 훨씬 수월합니다. 대화 창에서는 해당 라이브러리를 자동으로 검색해 주기 때문입니다.

[Dependencies] 탭의 오른쪽에 있는 플러스(+) 버튼을 클릭하면 아래에 작은 메뉴가 나타납니다. Library dependency를 선택하면 외부 리모트 라이브러리를 추가할 수 있습니다.

자바 오브젝트를 JSON으로 변환하는 "json" 라이브러리를 추가해 보겠습니다. 입력 창에 json이라고 쓰고 오른쪽 돋보기 아이콘을 클릭합니다.

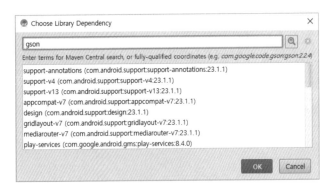

그러면 원격 리포지토리에서 gson 최신 버전을 검색하여 그것을 build.gradle 파일에 추가해 줍니다.

```
21
22  dependencies {
23      compile fileTree(include: ['*.jar'], dir: 'libs')
24      testCompile 'junit:junit:4.12'
25      compile 'com.android.support:appcompat-v7:23.1.1'
26      compile 'com.android.support:design:23.1.1'
27      compile 'com.google.code.gson:gson:2.5'
28  }
29
```

[Dependencies] 탭에서 File dependency는 files 메서드를 이용해 라이브러리 파일을 디펜던시 블록에 추가합니다.

```
21
22  dependencies {
23      compile fileTree(include: ['*.jar'], dir: 'libs')
24      testCompile 'junit:junit:4.12'
25      compile 'com.android.support:appcompat-v7:23.1.1'
26      compile 'com.android.support:design:23.1.1'
27      compile 'com.google.code.gson:gson:2.5'
28      compile files('jdom-1.0.jar')
29  }
30
```

Module dependency는 멀티 모듈 프로젝트에서 모듈을 디펜던시 블록에 추가합니다. 멀티 모듈에 대해서는 "제9장 멀티 모듈 만들기"에서 다루도록 하겠습니다.

```
21
22  dependencies {
23      compile fileTree(include: ['*.jar'], dir: 'libs')
24      testCompile 'junit:junit:4.12'
25      compile 'com.android.support:appcompat-v7:23.1.1'
26      compile 'com.android.support:design:23.1.1'
27      compile 'com.google.code.gson:gson:2.5'
28      compile files('jdom-1.0.jar')
29      compile project(':mylibrary')
30  }
31
```

Chapter 08

여러 가지 버전 생성하기

다른 애플리케이션에 비해 모바일 앱 개발에서는 머릿속에 담아 두어야 할 일이 한 가지 더 있습니다. 그것은 애플리케이션의 여러 가지 버전입니다. 같은 소스 코드로 이루어져 있지만 버전에 따라 세팅이 다른 것을 말합니다. 예컨대 무료냐 유료냐에 따라 앱에서 제공하는 콘텐츠가 달라지는 것이 모바일 앱의 특징입니다.

우리는 안드로이드 마켓에서 수많은 무료 앱을 찾아볼 수 있습니다. 하지만 세상에 공짜는 없습니다. 안드로이드 애플리케이션도 예외는 아닙니다. 개발자는 앱에 광고를 붙인다든지, 무료에는 최소한의 기능만 넣어 두고 유료에만 모든 기능을 담아 놓는다든지, 아니면 인앱(in-app) 결재를 유도해 수익을 얻습니다.

안드로이드 스튜디오는 프로젝트를 시작할 때 디버그(debug)와 릴리즈(release) 빌드 타입(Build Type)을 생성합니다. 빌드 타입은 개발 과정과 관계가 있습니다. 이에 비해 무료(free), 광고(ads), 유료(paid) 등 동일한 앱의 서로 다른 버전입니다. 색깔이나 디자인, 텍스트 등 콘텐츠가 달라집니다. 안드로이드 스튜디오에서는 이것을 프로덕트 플레이버(Product flavors)라고 부릅니다.

그리고 빌드 타입과 프로덕트 플레이버의 조합을 배리언트(Build Variants)라고 합니다. 프로덕트 플레이버가 세 가지라면 배리언트는 기본적으로 디버그 무료, 릴리즈 무료, 디버그 광고, 릴리즈 광고, 디버그 유료, 릴리즈 유료 버전 등 여섯 가지입니다. 이처럼 버전마다 세팅을 변경하는 것은 언뜻 보아도 복잡하고 상당히 번거로운 일입니다.

하지만 그레이들을 이용하면 이 과정이 대단히 간편해집니다. 그레이들 툴 윈도우에서 마우스 클릭 한 번으로 버전마다 apk 파일을 만들 수 있습니다. 안드로이드가 오랫동안 사용하던 이클립스 ADT를 버리고 안드로이드 스튜디오라는 새로운 IDE에 둥지를 튼 것도 배리언트를 손쉽게 생성하는 그레이들의 뛰어난 성능 때문입니다.

빌드 타입과 인스톨

빌드 타입(Build Type)은 애플리케이션이 어떻게 빌드되어야 하는지, 다시 말해 애플리케이션의 패키지 환경을 정의하기 위해 사용됩니다. 새로운 프로젝트를 시작할 때 안드로이드 스튜디오는 기본적으로 디버그(Debug)와 릴리즈(Release) 두 가지 빌드 타입을 만들어 주지만, 디바이스에서 실행이 되는 것은 오직 디버그 빌드 타입뿐입니다. 왜냐하면 릴리즈 빌드 타입은 아직 서명(Signing)이 되어 있지 않기 때문입니다.

안드로이드 애플리케이션을 디바이스에서 실행하려면 안드로이드 패키지(apk) 파일로 패키징을 하는데, 이때에는 반드시 서명이 있어야 합니다. 서명은 악의적인 목적으로 패키징된 apk를 구분하기 위해 누가 패키징을 했는지 정보를 기록하는 것입니다.

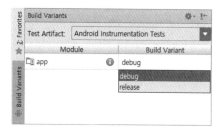

빌드 배리언트 툴 윈도우에서 빌드 타입을 release로 바꾸면 애플리케이션은 실행되지 않습니다. 툴바의 [Select Run/Debug Configuration]에도 × 마크가 표시됩니다.

디버그 빌드 타입이 실행되는 것은 자동으로 생성된 키스토어를 이용하기 때문입니다. 키스토어는 서명 정보가 담긴 파일로, 안드로이드 SDK는 <사용자>₩.android 폴더에 debug.keystore 파일을 자동으로 생성해 줍니다. 이 키스토어는 JDK의 keytool 명령으로 내용을 확인해 볼 수 있습니다.

```
keytool -list -keystore debug.keystore
```

비밀번호는 android를 입력하면 다음과 같이 인증서 지문이 표시됩니다. 키 저장소 유형 (keystore type)는 JKS입니다. 이것은 Java KeyStore의 약어입니다.

```
C:\Users\carll\.android
λ keytool -list -keystore debug.keystore
키 저장소 비밀번호 입력:

키 저장소 유형: JKS
키 저장소 제공자: SUN

키 저장소에 1개의 항목이 포함되어 있습니다.

androiddebugkey, 2015. 12. 15, PrivateKeyEntry,
인증서 지문(SHA1): CB:4B:61:47:DA:9C:36:96:E1:E6:6E:6D:22:96:D8:F7:87:25:89:6D

C:\Users\carll\.android
λ |
```

디바이스에 애플리케이션을 실행하기 위해 툴바의 실행(Run) 아이콘을 누르면, 그레이들 빌드 시스템은 app/build/outputs/apk 폴더에 apk 파일을 생성합니다.

이때 apk 폴더에는 파일 두 개 app-debug.apk, app-debug-unaligned.apk가 있습니다. app-debug-unaligned.apk은 일종의 중간 파일로서 디바이스의 적은 램 용량에 맞추어 램 최적화 작업을 거친 것이 app-debug.apk입니다. 디바이스에 설치되는 것은 app-debug.apk 파일입니다.

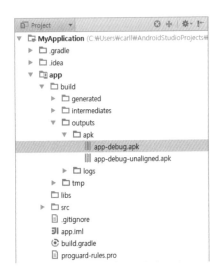

안드로이드 스튜디오의 실행(Run) 툴 윈도우를 보면 디바이스에 설치된 apk 파일이 무엇인지 알 수 있습니다. 툴바의 실행 아이콘을 누르지 않고 그레이들 툴 윈도우의 [installDebug] 태스크를 더블 클릭해도 애플리케이션이 디바이스에 설치됩니다.

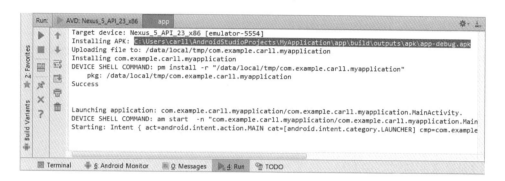

이때에는 앱이 설치만 될 뿐, 자동으로 실행되지는 않으므로 디바이스에서 앱을 찾아 실행해야 합니다.

그레이들 툴 윈도우에서 유용한 것은 [uninstallAll] 태스크입니다. 디바이스에서 앱을 지우려면 디바이스 상단으로 앱을 잡아끌어서 휴지통에 넣는 것이 보통인데 uninstallAll를 이용하면 좀더 쉽게 앱을 지울 수 있습니다.

그레이들 툴 윈도우를 이용하면 apk 파일을 단계별로 만들 수 있습니다. 그레이들 툴 윈도우에서 [clean] 태스크를 수행해 봅니다. 태스크들이 너무 많아 찾기가 힘들다면, 툴 버튼에서 [Expand All]을 클릭한 뒤 cl까지만 입력해도 선택이 clean 태스크로 이동하는데 Enter를 누르면 clean 태스크가 수행됩니다.

그런 다음 [packageDebug] 태스크를 수행하면 app/build/outputs/apk 폴더에 app-debug-unaligned.apk 파일이 생성됩니다. 그러고는 [zipAlignDebug] 태스크를 수행하면 app-debug.apk 파일이 만들어집니다.

② 사용자 빌드 타입

디버그와 릴리즈 외에도 사용자 빌드 타입을 추가할 수 있습니다. 예를 들어 손으로 직접 애플리케이션을 테스트하여 소프트웨어의 품질을 높이는 스테이징(staging) 단계입니다. 이 경우 보통 세팅과 패키징이 달라집니다.

build.gradle에 직접 코딩해도 좋지만 그보다는 툴바의 프로젝트 스트럭처 아이콘을 클릭해 프로젝트 스트럭처 대화 창을 이용하는 것이 좀더 편리합니다. 메인 메뉴 [Build > Edit Build Type...]을 선택해도 프로젝트 스트럭처 대화 창이 나타납니다.

프로젝트 스트럭처 대화 창의 [Build Type] 탭에서 플러스(+) 버튼을 누릅니다. 그러면 기본값으로 "buildType"이 Name에 입력됩니다. "buildType" 대신에 staging이라고 입력합니다. 그리고 Application Id Suffix(애플리케이션 ID 접미사)에 .staging, Version Name Suffix(버전 이름 접미사)에 -staging을 입력하고 [OK] 버튼을 누릅니다.

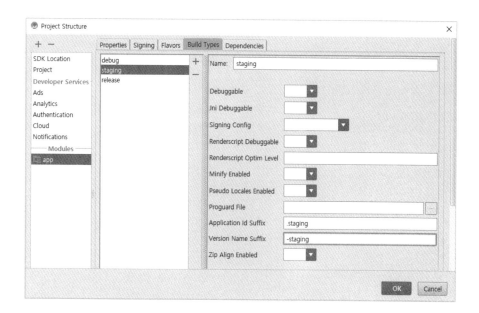

프로젝트 스트럭처 툴 윈도우에 입력한 값은 build.gradle에 고스란히 반영됩니다. release 아래에 staging이라는 빌드 타입이 생겼습니다.

```
20          }
21      buildTypes {
22          release {
23              minifyEnabled false
24              proguardFiles getDefaultProguardFile('proguard-android.txt'),
25              signingConfig signingConfigs.release
26          }
27          staging {
28              applicationIdSuffix '.staging'
29              versionNameSuffix '-staging'
30          }
31      }
32  }
```

빌드 배리언트 툴 윈도우에서 debug를 staging으로 변경합니다.

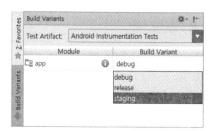

하지만 staging은 빌드가 되지 않습니다. 툴바의 [Select Run/Debug Configuration]에 × 마크가 붙어 있습니다. 그대로 실행 아이콘을 클릭하면 [Edit configuration] 대화 창이 나타납니다.

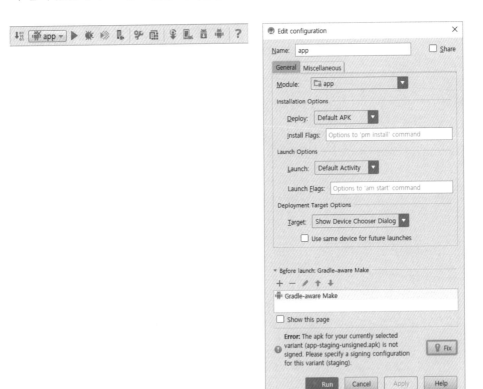

대화 창 아래쪽에는 선택한 배리언트(app-staging-unsigned.apk)가 서명되지 않았으므로 서명을 구성하라는 메시지가 적혀 있습니다. [Fix](수정) 버튼을 누르면, 프로젝트 스트럭처 대화 창의 [서명](Signing) 탭이 나타납니다.

플러스(+) 버튼을 클릭해 키스토어 위치 등을 입력해도 좋지만, staging 빌드 타입은 디버그와 똑같이 애플리케이션 테스트가 목적이므로 다음과 같이 입력합니다.

```
staging.initWith(buildTypes.debug)
```

initWith()는 파라미터의 모든 속성을 오브젝트에 복사하는 메서드입니다. 따라서 staging 빌드 타입에서도 디버그처럼 안드로이드 SDK가 생성한 키스토어를 이용하게 됩니다. 이 한 줄만 입력하면 툴바 아이콘의 × 마크가 사라지고 실행이 됩니다.

```
20          }
21      buildTypes {
22          release {
23              minifyEnabled false
24      ┌──────────────────────────┐ uardFile('proguard-android.txt'),
        │ DefaultBuildType         │
25      │ public DefaultBuildType initWith (DefaultBuildType that)│ release
        └──────────────────────────┘
26          }
27          staging.initWith(buildTypes.debug)
28          staging {
29              applicationIdSuffix '.staging'
30              versionNameSuffix '-staging'
31          }
32      }
33  }
```

앞에서 staging 빌드 타입의 Application Id Suffix를 [.staging]이라고 적었습니다. 그래서 디버그와 릴리스의 Application Id는 기본값 그대로인 [패키지]이지만, staging은 [패키지.staging]으로 Application Id에 .staging이 추가됩니다. 이것은 실행(Run) 툴 윈도우에서 확인할 수 있습니다.

Application Id가 다르다는 것은 같은 디바이스에서 staging이 디버그 또는 릴리스와 아무 충돌 없이 설치될 수 있음을 의미합니다. Application Id가 같은 디버그와 릴리스는 하나가 설치된 상태에서 다른 하나를 설치하면 충돌이 일어나기 때문에 이전 apk 파일을 지워야 합니다.

또 staging의 Version Name에 [-staging]이라고 붙인 것은 디바이스에서 애플리케이션 정보를 보면 확인할 수 있습니다. 디바이스에서 애플리케이션 아이콘을 위쪽으로 잡아끌어 (드래그) [App info] 위에 떨구면(드롭), 다음 화면처럼 version 1.0-staging이라고 나타납니다.

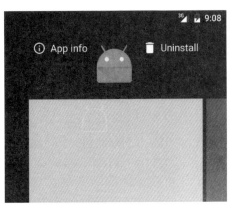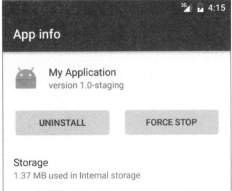

③ 키스토어와 서명된 APK 만들기

모든 안드로이드 패키지(apk) 파일은 디바이스에 설치하기 전에 디지털 서명이 필요합니다. 안드로이드 스튜디오는 개발자의 편의를 위해 디버그 apk에는 디지털 서명 정보가 담긴 키스토어 파일을 생성해 주지만 다른 apk에는 사용자가 직접 키스토어를 만들어야 합니다.

터미널에서 JDK의 유틸리티인 keytool.exe를 이용해 키스토어를 만드는 명령은 다음과 같습니다. 이 명령은 한 줄로 입력해야 합니다.

```
keytool -genkey -v -keystore <키스토어 파일 이름> -alias <별칭>
        -keyalg RSA -keysize 2048 -validity 10000
```

이후 터미널에 나타나는 화면에서 정보를 입력하면 키스토어가 만들어집니다. 키스토어 자체에 대한 패스워드도 따로 지정할 수 있습니다.

```
C:\Users\carll\keystores
\ keytool -genkey -v -keystore MyApplication.keystore -alias MyAlias -keyalg RSA
 -keysize 2048 -validity 10000
키 저장소 비밀번호 입력:
새 비밀번호 다시 입력:
이름과 성을 입력하십시오.
  [Unknown]:  Dongho Lee
조직 단위 이름을 입력하십시오.
  [Unknown]:
조직 이름을 입력하십시오.
  [Unknown]:
구/군/시 이름을 입력하십시오?
  [Unknown]:
시/도 이름을 입력하십시오.
  [Unknown]:  Seoul
이 조직의 두 자리 국가 코드를 입력하십시오.
  [Unknown]:  KR
CN=Dongho Lee, OU=Unknown, O=Unknown, L=Unknown, ST=Seoul, C=KR이(가) 맞습니까?
  [아니오]:  y

다음에 대해 유효 기간이 10,000일인 2,048비트 RSA 키 쌍 및 자체 서명된 인증서(SHA2
56withRSA)를 생성하는 중
  : CN=Dongho Lee, OU=Unknown, O=Unknown, L=Unknown, ST=Seoul, C=KR
<MyAlias>에 대한 키 비밀번호를 입력하십시오.
        (키 저장소 비밀번호와 동일한 경우 Enter 키를 누름):
새 비밀번호 다시 입력:
[MyApplication.keystore를(를) 저장하는 중]

C:\Users\carll\keystores
  |
```

이렇게 생성된 키스토어 파일을 앱에 등록합니다. 안드로이드 스튜디오에서 프로젝트 스트럭처 대화 창을 부릅니다.

[Signing] 탭으로 이동하여 플러스(+) 버튼을 누르면 기본값으로 생성되는 config라는 이름 대신에 release라고 입력합니다. 그리고 빈 칸에 키스토어 파일을 만들 때 사용한 [Key Alias], [Key Password]를 적어 넣습니다. [Store File]은 키스토어 파일의 위치입니다. 오른쪽 [...]을 클릭하면 저장된 폴더를 쉽게 찾을 수 있습니다. [Store Password]는 키스토어 자체에 대한 패스워드입니다.

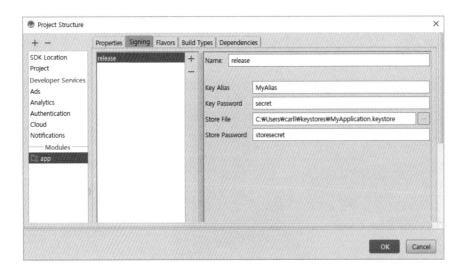

그러면 app 폴더의 build.gradle 파일의 android에 signingConfigs 항목이 추가됩니다. 프로젝트 스트럭처 대화 창에서 입력한 정보와 똑같은 내용입니다.

이제 키스토어 파일을 만들고 build.gradle 파일에도 등록되었으므로 빌드 배리언트를 debug에서 release로 변경합니다. 하지만 여전히 툴바의 [Select Run/Debug Configuration]에는 × 마크가 표시됩니다. 실행(Run)이 되지 않습니다.

```
MainActivity.java    app

1   apply plugin: 'com.android.application'
2
3   android {
4       signingConfigs {
5           release {
6               keyAlias 'MyAlias'
7               keyPassword 'secret'
8               storeFile file('C:/Users/carll/keystores/MyApplication.keystore')
9               storePassword 'storesecret'
10          }
11      }
```

build.gradle 파일에 등록만 됐지 빌드 타입 release에 연계되지 않았기 때문입니다. 다시 프로젝트 스트럭처 대화 창을 열어 [Build Types] 탭으로 이동합니다. 그리고 비어 있는 [Signing Config]를 [release]로 바꿉니다. [Signing Config]에는 [Signing] 탭에 있는 서명들이 나타나는데 지금은 release 하나뿐입니다. 그런 다음 [OK] 버튼을 누릅니다.

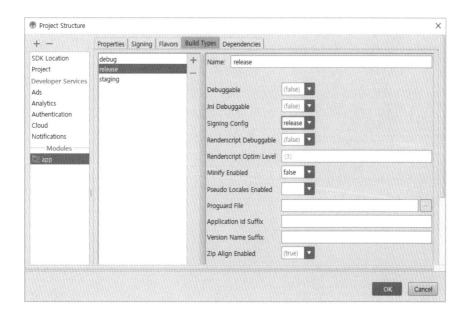

그러면 build.gradle 파일의 빌드 타입 release의 마지막 줄에 새로운 항목이 자동으로 추가됩니다. 서명 설정들 가운데 release를 서명 설정으로 사용한다는 뜻입니다. 뒤에 있는 signingConfigs는 복수형 s가 붙어 있는 꼴입니다.

```
signingConfig signingConfigs.release
```

```
20          }
21      buildTypes {
22          release {
23              minifyEnabled false
24              proguardFiles getDefaultProguardFile('proguard-android.txt'),
25              signingConfig signingConfigs.release
26          }
27          staging.initWith(buildTypes.debug)
28          staging {
29              applicationIdSuffix '.staging'
30              versionNameSuffix '-staging'
31          }
32      }
33  }
```

다시 빌드 배리언트를 debug에서 release로 변경합니다. 이제 툴바의 [Select Run/Debug Configuration]에 × 마크가 없습니다. 그레이들 툴 윈도우에서 assembleRelease 태스크를 실행하면 app/build/outputs/apk 폴더에 app-release.apk 파일이 생성됩니다.

한 가지 주의할 점으로, 이 키스토어 파일은 지우거나 잃어버리면 절대로 안 됩니다. 애플리케이션의 모든 버전은 똑같은 키로 서명되어야 하므로 키의 서명이 달라지면 완전히 새로운 애플리케이션으로 인식합니다. 따라서 키스토어 파일을 잃어버리면 업데이트를 할 수 없습니다. 키스토어는 안전한 곳에 보관해야 하지만 이것은 보안 목적이 아니라 임의로 apk가 변형되는 것을 방지하기 위해서입니다. 만일 누군가가 사용자의 키스토어에 접근할 수 있다면 사용자의 이름이 도용될 수 있습니다.

그렇기 때문에 build.gradle 파일에 패스워드 정보가 그대로 노출되는 것은 좋은 방법이 아닙니다. 빌드 파일에 패스워드 값을 그대로 드러내기보다는 gradle.properties 파일에 다음과 같이 변수로 지정합니다.

```
storePass = storesecret
pass = secret
```

이때 storesecret나 secret에 싱글쿼트(') 또는 더블쿼트(")가 없음에 유의하기 바랍니다.

```
14
15   # When configured, Gradle will run in incubating
16   # This option should only be used with decoupled
17   # http://www.gradle.org/docs/current/userguide/mu
18   # org.gradle.parallel=true
19
20   storePass = storesecret
21   pass = secret
22
```

그런 다음 build.gradle 파일에 [pass], [storepass]라고 gradle.properties의 변수 이름을 쓰면 됩니다.

properties 파일은 자바의 설정 데이터 파일로서 키와 값의 형태를 가집니다. 설정 데이터 자바 클래스 파일에 지정해도 되지만 데이터가 변경되면 컴파일을 다시 해야 하므로 properties 파일을 이용하는 것을 좋습니다. 더욱이 gradle.properties는 파일 위치를 지정하지 않아도 build.gradle에서 자동으로 읽어오므로 편리합니다.

```
1    apply plugin: 'com.android.application'
2
3    android {
4        signingConfigs {
5            release {
6                keyAlias 'MyAlias'
7                keyPassword pass
8                storeFile file('C:/Users/carll/keystores/MyApplication.keystore')
9                storePassword storePass
10           }
11       }
```

keyPassword와 storePassword의 값으로 gradle.properties의 변수 이름을 쓰면 프로젝트 스트럭처 대화 창에서는 이 변수를 인식하지 못하고 "Unrecognized value"라고 표시되지만 키스토어의 사용에는 전혀 지장이 없습니다.

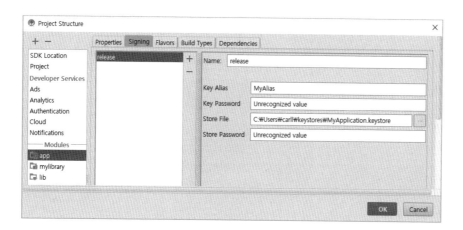

 ## 안드로이드 스튜디오에서 키스토어 생성

앞에서는 터미널에서 JDK 유틸리티를 이용해 키스토어를 만들었는데, 안드로이드 스튜디오에서는 대화 창으로 키스토어를 만들고 서명된 apk의 생성을 간단히 수행하는 도구를 제공하고 있습니다. 메인 메뉴 [Build > Generate Signed APK...]가 그것입니다.

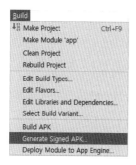

그러면 [Generate Signed APK] 대화 창이 나타납니다. [Choose existing...]을 클릭해 앞에서 만든 키스토어 파일을 불러와도 되지만, [Create new...]를 클릭해 새롭게 키스토어를 만들 수 있습니다.

여기에서는 대화 창으로 키스토어 파일을 새로 만들어 보도록 하겠습니다.

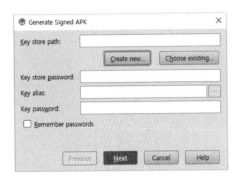

[Create new...]를 클릭하면 [New Key Store] 대화 창이 나타납니다. 여기에서 [Key store path:]의 입력 창 오른쪽에 있는 [...] 버튼을 클릭합니다. 이어서 나타나는 [Choose key store] 대화 창에서 키스토어 파일 이름과 저장할 폴더를 지정합니다.

아래쪽 입력 창에 MyApplication이라고 키스토어 파일 이름을 적어 넣었고 keystores 폴더를 지정합니다. 위쪽에서 New Folder 아이콘을 클릭하면 새로운 폴더를 만들 수 있습니다. 터미널에서 JDK의 keytool을 사용한 생성한 키스토어 파일은 확장자가 keystore이지만, 안드로이드 스튜디오의 대화 창에서 만드는 키스토어 파일의 확장자는 jks입니다. 확장자만 다를 뿐 기능은 똑같습니다.

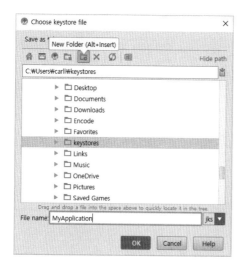

이후의 과정은 앞서 터미널 창에서 입력한 것과 똑같습니다. 키스토어 패스워드, Alias 이름과 패스워드를 입력하고 [Certificate]에 사용자 정보를 적고 [OK] 버튼을 누릅니다.

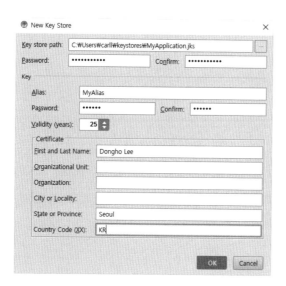

그러면 다시 [Generate Signed APK] 대화 창이 나타나는데, 앞서 입력한 키스토어 패스워드, Alias, 패스워드가 채워져 있습니다. 아래쪽 [Remember passwords]에 체크를 하면 서명된 APK 파일을 다시 만들 때 키스토어 패스워드와 키 패스워드를 다시 입력하지 않아도 됩니다.

여기에서 주의할 점은 이렇게 안드로이드 스튜디오 메뉴에서 만드는 서명된 apk는 build.gradle과는 완전히 별개라는 것입니다. 이것은 빌드 시스템을 거치지 않고 서명된 apk를 간편하게 만드는 방법으로 apk 파일이 저장되는 장소도 다르게 지정할 수 있습니다.

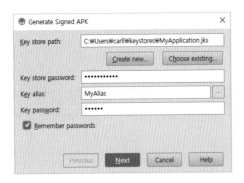

[Next] 버튼을 클릭하면 [Setup Master Password] 대화 창이 나타나는데, 이것도 키스토어 파일의 패스워드와는 다른 것으로 IDE 데이터베이스의 패스워드입니다. 이것을 빈 칸으로 비워 두면 패스워드 보호가 해제됩니다.

[OK] 버튼을 클릭하면 [Generate Signed APK] 대화 창이 나타납니다.

[APK Destination Folder]에서는 akp 파일이 저장되는 폴더를 지정할 수 있습니다. 그리고 [Build Type]과 [Flavors]도 지정할 수 있습니다. 현재는 Flavors가 없기 때문에 목록에 나타나지 않지만, Flavors가 있다면 빌드 타입과 플레이버의 조합 또는 빌드 타입 하나에 플레이버를 여러 개 선택할 수 있습니다.

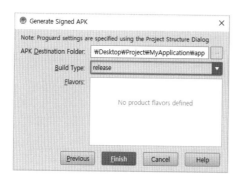

그런 다음 [Finish]를 클릭하면 지정된 폴더에 서명된 apk 파일이 생성됩니다. 기본값은 app 폴더입니다. 프로젝트 툴 윈도우에서 뷰(View)를 [Project]로 바꾸고 app 폴더를 보면 app-release.apk 파일이 생성된 것을 볼 수 있습니다.

그레이들 툴 윈도우 build 폴더의 [assembleRelease] 태스크도 app-release.apk 파일을 생성합니다. 다른 점이라면 [assembleRelease] 태스크는 기본 폴더가 app/build/outputs/ apk라는 것입니다.

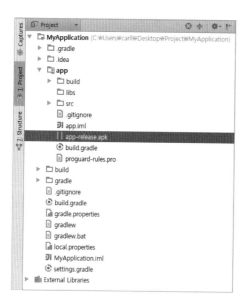

⑤ 프로덕트 플레이버

빌드 타입(Build Type)과 프로덕트 플레이버(Product Flavors)는 비슷하지만 쓰임새가 전혀 다릅니다. 빌드 타입이 동일한 애플리케이션의 서로 다른 개발 과정이라면, 프로덕트 플레이버는 동일한 애플리케이션의 서로 다른 버전입니다.

가장 일반적인 예로서 무료와 유료 버전을 들 수 있습니다. 또 다른 예는 기능이 같은 앱인데 클라이언트가 여럿 있어서 메인 컬러, 로고, URL 등 브랜드만 달라지는 경우입니다.

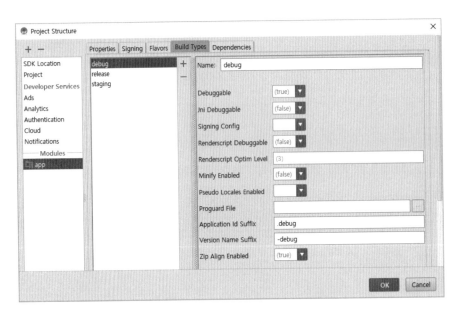

만일 앱이 서로 구분되어 배포될 필요가 있다면 프로덕트 플레이버를 사용해야 합니다. 그래서 프로덕트 플레이버의 속성은 빌드 타입과 여러 가지로 다른 점이 많습니다.

프로젝트 스트럭처 대화 창에서 빌드 타입의 속성이 Debuggable, Jni Debuggable, Rederscript Debuggable, Zip Align Enabled 등 디버그, 최적화 등과 관계되는 반면, 프로덕트 플레이버의 속성은 최소 SDK 버전, 타깃 SDK 버전 등 앱 자체에 관한 것입니다.

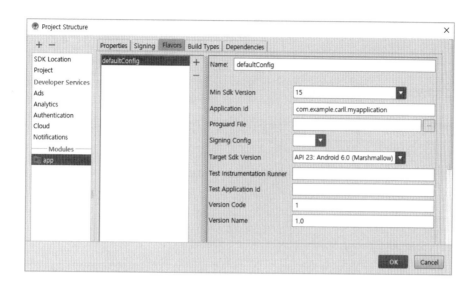

애플리케이션 설정에서 가장 기본적인 defaultConfig도 [Flavors] 탭에 위치해 있습니다. 이것은 프로덕트 플레이버가 독립된 애플리케이션을 설정한다는 점을 시사하고 있습니다.

```
1   apply plugin: 'com.android.application'
2
3   android {
4       compileSdkVersion 23
5       buildToolsVersion "23.0.2"
6       defaultConfig {
7           applicationId "com.example.carll.myapplication"
8           minSdkVersion 15
9           targetSdkVersion 23
10          versionCode 1
11          versionName "1.0"
12      }
```

[Flavors] 탭에서 플러스(+) 버튼을 눌러 free, ads, paid 버전을 추가하고 [Application Id]의 기본값에 각각의 플레이버 이름을 덧붙입니다. 그러면 세 가지 프로덕트 플레이버의 Application Id는 defaultConfig의 Application Id을 덮어쓰게 됩니다. 그리고 Application Id가 다르기 때문에 세 가지 프로덕트 플레이버의 apk는 동일한 디바이스에 동시에 설치될 수 있습니다.

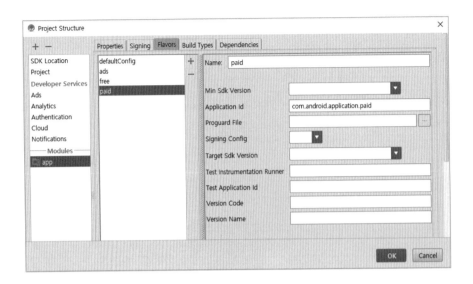

프로덕트 플레이버의 Application Id를 입력하고 [OK] 버튼을 누르면, 이것은 app 폴더의
build.gradle 파일에 자동으로 반영됩니다.

```
27          staging.initWith(buildTypes.debug)
28          staging {
29              applicationIdSuffix '.staging'
30              versionNameSuffix '-staging'
31          }
32      }
33      productFlavors {
34          free {
35              applicationId 'com.android.application.free'
36          }
37          ads {
38              applicationId 'com.android.application.ads'
39          }
40          paid {
41              applicationId 'com.android.application.paid'
42          }
43      }
44  }
```

이때 프로덕트 플레이버 이름은 빌드 타입 이름을 사용해서는 안 됩니다. 또 main,
androidTest, test도 사용할 수 없습니다. app/scr 아래에 main, androidTest, test 폴더가
각각 자바 소스와 리소스를 담고 있고, 빌드 타입과 프로덕트 플레이버도 자바 소스와 리소스
가 있다면 각각의 이름으로 이곳에 폴더를 만들기 때문에 이름이 서로 같아서는 안 됩니다.

```
C:\Users\carll\AndroidStudioProjects\MyApplication\app
λ tree src
폴더 PATH의 목록입니다.
볼륨 일련 번호는 A28F-6146입니다.
C:\USERS\CARLL\ANDROIDSTUDIOPROJECTS\MYAPPLICATION\APP\SRC
├─androidTest
│  └─java
│     └─com
│        └─example
│           └─carll
│              └─myapplication
├─main
│  ├─java
│  │  └─com
│  │     └─example
│  │        └─carll
│  │           └─myapplication
│  └─res
│     ├─drawable
│     ├─layout
│     ├─menu
│     ├─mipmap-hdpi
│     ├─mipmap-mdpi
│     ├─mipmap-xhdpi
│     ├─mipmap-xxhdpi
│     ├─mipmap-xxxhdpi
│     ├─values
│     ├─values-v21
│     └─values-w820dp
└─test
   └─java
      └─com
         └─example
            └─carll
               └─myapplication

C:\Users\carll\AndroidStudioProjects\MyApplication\app
λ
```

빌드 배리언트는 빌드 타입과 프로덕트 플레이버의 조합입니다. 빌드 배리언트 툴 윈도우를
보면 빌드 타입(debug, staging, release)에 프로덕트 플레이버(free, ads, paid)가 조합되
어 freeDebuf, freeStaging, freeRelease 등 모두 9개의 빌드 배리언트가 생겼음을 알 수
있습니다. 그레이들 툴 윈도우에도 이 빌드 배리언트가 반영되어 있습니다.

⑥ 배리언트 리소스

이제 세 가지 프로덕트 플레이버의 리소스를 다르게 부여해 보겠습니다. 리소스가 달라지면 콘텐츠도 달라집니다.

먼저 app/src/main/res/layout 폴더의 content_main.xml 파일을 에디터 윈도우에 불러옵니다. 이 파일에는 [TextView] 태그가 있는데, 이것은 텍스트를 보여 주는 위젯으로서 "Hello World!"라는 글자가 직접 입력되어 있습니다.

이렇게 "Hello World!"라고 글자가 그대로 드러나 있는 것을 하드 코드라고 합니다. 프로그래밍에서 하드 코드(Hard Code)는 바람직한 코딩 방식이 아닙니다. 다시 사용하지 못하기 때문입니다. 하지만 "Hello World!"를 변수로 지정해 둔다면 여러 곳에서 재사용할 수 있습니다.

안드로이드의 xml 파일에서는 변수와 비슷한 개념으로 리소스(Resource)가 있습니다. 이것을 별도의 파일로 추출하여 재사용합니다. "Hello World!"에 커서를 두고 Alt + Enter를 치면 커서 아래에 [Extract string resource]라는 항목이 나타납니다. 그것을 선택하고 Enter를 누르면 [Extract Resource] 대화 창이 나타납니다.

맨 위 [Resource name]에 greeting이라고 입력합니다. 이 이름이 변수로 이용됩니다. 아래 [Source set]과 [File name]에는 기본값 main과 strings.xml 그대로 두고 [OK] 버튼을 누릅니다.

그러면 content_main.xml에서 "Hello World!"가 [@string/greeting]으로 바뀌어 있는 것을 볼 수 있습니다. "Hello World!"라는 텍스트가 하드코딩, 다시 말해 직접 드러나 있는 것이 아니라 @string/greeting에 참조되어 있습니다.

@string/greeting는 리소스 파일의 [string/greeting]이라는 위치(@)에 텍스트의 내용이 있음을 나타냅니다. Ctrl 키를 누른 채 마우스 커서를 @string/greeting 위로 옮기면 간략한 설명이 나타납니다. 파란색 밑줄이 나타날 때 마우스 버튼을 클릭하면 에디터 윈도우에 리소스 파일이 열립니다.

열린 파일은 strings.xml입니다. 거기 [greeting]에 "Hello World!"가 지정되어 있습니다. 이 xml 파일은 main 소스 세트(Source set)에 지정되어 있는 공통 파일입니다. 만일 프로덕트 플레이버에 새로운 리소스 strings.xml 파일이 생성되면 main의 strings.xml를 덮어쓰게 됩니다.

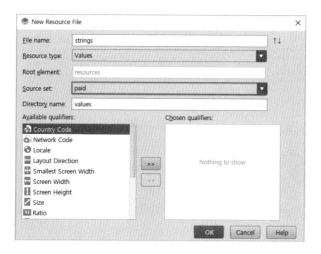

이제 각 프로덕트 플레이버에 새로운 리소스를 생성해 보겠습니다. 프로젝트 툴 윈도우에서 커서를 app 폴더에 놓고 마우스 오른쪽 버튼을 클릭합니다. 콘텍스트 메뉴에서 [New > Android resource file]을 선택합니다. 메인 메뉴 [File > New > Android resource file]을 선택해도 됩니다. 그러면 [New Resource File] 대화 창이 나타납니다.

새로운 리소스 파일은 strings.xml이므로 [New Resource File] 대화 창에서 [File Name]에 strings라고 입력합니다. 확장자 xml은 생략해도 됩니다.

중요한 것은 [Source Set]입니다. 이것을 마우스로 클릭하면 공통의 소스 세트인 main, 그리고 각각의 빌드 타입 3개와 프로덕트 플레이버 3개, 또한 빌드 타입과 프로덕트 플레이버 조합인 빌드 배리언트 9개가 아래로 나열됩니다. 이것은 빌드 타입, 프로덕트 플레이버, 빌드 배리언트가 각각 소스 세트 아래에 리소스 파일이 저장될 수 있음을 의미합니다. 여기에서는 프로덕트 플레이버 세 개만 리소스 파일 strings.xml을 생성해 보겠습니다.

[Source Set]에서 [free]를 선택하고 [OK] 버튼을 누르면 다음과 같은 strings.xml 파일이 새로 생성됩니다.

```
<?xml version="1.0" encoding="utf-8"?>
<resources></resources>
```

사이에 다음 코드를 입력합니다. 이것은 main 소스 세트의 strings.xml에서 <string name="greeting">Hello World!</string>에 This is Free Version!!!를 추가한 것이므로 코드를 복사해 추가하면 간단히 입력할 수 있습니다.

```
<string name="greeting">
        Hello World! This is Free Version!!!
</string>
```

```
strings.xml ×
Edit translations for all locales in the translations editor.
1   <?xml version="1.0" encoding="utf-8"?>
2   <resources>
3       <string name="greeting">
4           Hello World! This is Free Version!!!
5       </string>
6   </resources>
```

그러면 app/src에 [free] 폴더가 생기고 그 아래에 strings.xml 파일이 만들어집니다. 폴더 구조는 main 소스 세트와 똑같습니다. 그래야 main의 strings.xml 파일이 덮어씌워집니다.

마찬가지 방식으로 [ads], [paid] 프로덕트 플레이버에 대해서도 Hello World! This is Advertise Version!!!, Hello World! This is Paid Version!!!이라고 strings.xml 파일을 각각 다르게 만들어 줍니다. 그러면 프로덕트 플레이버, 즉 각각의 버전은 디바이스에 서로 다른 텍스트가 나타나게 됩니다.

툴바에서 app 실행 아이콘을 누르기 전에 빌드 배리언트 툴 윈도우에서 버전을 변경합니다. 그렇지 않으면 엉뚱한 버전이 디바이스에 나타날 수 있습니다.

strings.xml의 텍스트뿐만이 아니라 이미지 등 다른 리소스도 버전마다 다르게 지정할 수 있습니다. [res] 폴더 아래에 main 폴더와는 다른 리소스 파일이 있다면 그것은 main 폴더의 리소스들과 결합합니다. 결합 방식은 "덮어쓰기"(overriding)입니다.

[res] 폴더 아래에 있는 자바 아닌 리소스(non-java resource) 파일들은 서로 덮어씁니다. 플레이버는 main 폴더를 덮어쓰고 빌드 타입은 플레이버 폴더를 덮어씁니다. 덮어쓰지 않은 리소스 파일들은 그대로 사용됩니다. 플레이버의 drawable 폴더에 main과 같은 이름의 이미지 파일이 있다면, main의 이미지를 플레이버의 이미지가 대치하므로 플레이버의 이미지가 바뀌게 됩니다. main과 같은 이름의 이미지 파일이 없다면, main의 이미지가 그대로 사용됩니다.

덮어쓰기 우선순위에서 가장 상위에 있는 것이 빌드 타입입니다. 빌드 배리언트의 이름도 [<플레이버>-<빌드 타입>] 형태로 플레이버 뒤에 빌드 타입이 위치해 있습니다. 플레이버 다음에 빌드 타입이 지정되는 꼴입니다.

배리언트 자바 소스

각각의 프로덕트 플레이버마다 자바 소스도 다르게 할 수 있는데, 배리언트 자바 소스는 리소스 파일처럼 덮어쓰는 방식이 아니라 클래스 파일이 추가되는 방식입니다. 클래스 파일이 중복된다면 컴파일 오류가 발생합니다.

main 폴더의 자바 소스에 아래 코드처럼 AddClass를 참조하는 명령을 추가합니다. main 폴더의 자바 소스에 AddClass.java 파일이 없다면 안드로이드 스튜디오는 프로덕트 플레이버의 [java] 폴더에서 클래스를 불러오게 됩니다. 이렇게 프로덕트 플레이버에 따라 AddClass는 다르게 설정한다면 각 버전에 따라 콘텐츠의 내용도 달리지게 됩니다.

```
AddClass addclass = new AddClass();
```

안드로이드 스튜디오에서 빌드 배리언트를 바꾸면 해당 [java] 폴더가 활성화됩니다. 다음 화면에서 free의 [java] 폴더는 활성화, paid의 [java] 폴더는 비활성화되어 있습니다. 빌드 배리언트를 paid로 바꾸면 free의 [java] 폴더는 비활성화되고 paid의 [java] 폴더가 활성화됩니다.

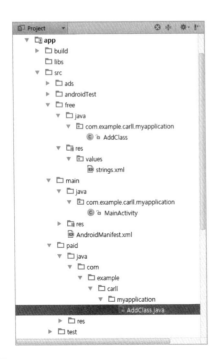

[java] 폴더가 활성화되면 프로젝트 툴 윈도우의 [java] 폴더의 색깔이 파란색으로 바뀝니다. 활성화되었다는 표시입니다. 마우스로 [java] 폴더를 선택하면 콘텍스트 메뉴의 [New], 또는 메인 메뉴 [File > New]에 java class 항목이 나타납니다. [java] 폴더가 활성화되지 않았다면 java class 항목이 나타나지 않습니다. [java] 폴더가 활성화된 상태에서 AddClass.java를 만듭니다.

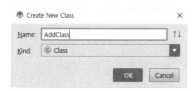

이때 주의할 것은 새로 만든 클래스의 패키지입니다. 다음과 같이 main의 패키지와 똑같이 입력해야 합니다. 그래야 main 폴더의 자바 파일에서 참조할 수 있습니다.

```
package com.example.carll.myapplication;
```

커서를 패키지 주소에 올려놓고 Alt + Enter를 치면 안드로이드 스튜디오는 패키지를 "com.example.carll.myapplication"로 옮기는 작업을 도와줍니다. 다음 화면처럼 Move to package 'com.example.carll.myapplication'을 선택한 다음 Enter를 치면 [Choose Destination Directory] 대화 창이 나타납니다.

대화 창에서 다음과 같이 프로덕트 플레이버의 폴더 경로를 선택합니다.

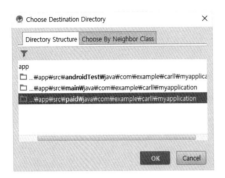

main 폴더에도 AddClass.java가 존재한다면 컴파일러는 오류 메시지를 띄웁니다. 클래스가 중복되어 정의되었기 때문입니다. 또한 각 프로덕트 플레이버에 AddClass.java가 누락되어 있어도 컴파일 오류가 일어납니다. 클래스가 정의되지 않았기 때문입니다. 당장엔 오류 메시지가 나타나지 않더라도 빌드 배리언트를 변경하면 컴파일 오류가 발생하므로 주의해야 합니다.

Chapter 09
멀티 모듈 만들기

지금까지 우리는 싱글 프로젝트에 대해 살펴보았습니다. 싱글 프로젝트는 하나의 프로젝트 또는 하나의 모듈로 이루어진 것을 말합니다. 안드로이드 앱을 개발할 때에는 처음에 싱글 모듈로 시작해 시간이 지남에 따라 큰 프로젝트로 진행되는 경우가 많습니다. 프로젝트는 작은 서브 프로젝트 또는 모듈로 나누어지지만 프로젝트 전체가 하나의 단위로 다루어집니다.

이미 살펴보았듯이 안드로이드 스튜디오의 설치와 무관하게 터미널에서 그레이들 명령으로 빌드 작업을 수행할 수 있습니다. 그레이들 안드로이드 플러그인(Gradle Android plugin)이 IDE 아래에서 실제 빌드 작업을 수행하기 때문입니다.

용어의 사용에서 안드로이드 스튜디오는 그레이들과 다소 차이가 있습니다. 특히 프로젝트라는 용어의 사용이 다릅니다. 그레이들 문서에서 등장하는 멀티프로젝트(Multiproject)는 안드로이드 스튜디오에서는 멀티모듈(Multimodule)을 말합니다. 이것은 그레이들과 젯브레인스 IDE의 용어 사용이 다르기 때문입니다.

안드로이드 스튜디오를 포함한 젯브레인스의 IDE에서 [프로젝트](Project)란 완전한 애플리케이션을 나타냅니다. 프로젝트는 하나 이상의 [모듈](Module), 그레이들의 용어로 표현한다면 서브 프로젝트로 구성되어 있습니다.

그레이들은 하나의 루트 프로젝트 아래에서 서브 프로젝트들의 빌드를 독립적으로 처리합니다. 따라서 전체 프로젝트를 빌드하지 않고서도 서브 프로젝트 또는 모듈만 개별적으로 빌드하는 것도 가능합니다. 서브 프로젝트 또는 모듈은 단일 프로젝트처럼 독립적인 속성을 지니고 있으며 각 모듈은 다른 모듈에 의존합니다.

이 장에서는 안드로이드 스튜디오의 서브 프로젝트, 즉 모듈들에 대해 알아봅니다. 그리고 프로젝트에 자바 라이브러리 모듈과 안드로이드 라이브러리 모듈을 추가하는 방법에 대해 설명합니다.

멀티 모듈의 이해

일반적으로 멀티모듈 프로젝트는 루트 디렉터리에 여러 개의 모듈들이 서브 디렉터리로 담겨 있는 형태를 취하고 있습니다. 각각의 모듈은 빌드, 테스트, 디버그할 수 있는 독립적인 프로그램으로 각자 소스코드와 리소스 파일을 가지고 있습니다.

안드로이드 스튜디오가 자동으로 생성하는 프로젝트에는 "app"라는 모듈이 서브 디렉터리로 담겨 있습니다. 모듈이 하나인 멀티모듈 프로젝트인 셈입니다.

```
project
├─────── setting.gradle
├─────── build.gradle
└─────── app
             └─────── build.gradle
```

이러한 계층 구조는 프로젝트 툴 윈도우에서도 확인할 수 있습니다. 프로젝트 툴 윈도우의 뷰(View)를 [프로젝트]로 바꾸면 실제와 똑같은 디렉터리 파일 구조가 나타납니다.

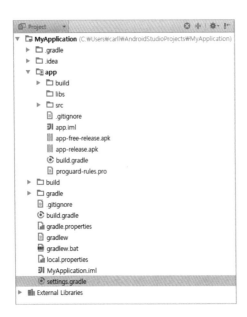

그레이들 빌드 시스템은 루트 프로젝트를 포함해 각 모듈마다 build.gradle 파일을 두고 관리합니다. build.gradle은 에디터 윈도우의 탭 제목에 프로젝트 또는 모듈 이름이 표기되어 있습니다. 예를 들어 루트 프로젝트의 build.gradle은 프로젝트의 이름인 "MyApplication", app 모듈의 build.gradle은 "app"입니다.

안드로이드 스튜디오가 자동으로 생성해 주는 루트 프로젝트의 쓰임새는 주석으로 표기되어 있는 바와 같이 "모든 서브 프로젝트 / 모듈에 공통적으로 적용되는 옵션"입니다. buildscript과 allprojects는 메서드 이름처럼 "빌드 스크립트에 대한 설정", "모든 모듈에 대한 설정"입니다. 리포지토리(repositoies), 즉 저장소가 "jcenter"이며 아래 화면에서 빌드 스크립트는 그레이들 버전 1.5를 사용하고 있습니다. 이 버전은 오리지널 그레이들 버전이 아니라 그레이들 안드로이드 플러그인(Gradle Android plugin) 버전입니다.

```
settings.gradle ×    MyApplication ×    app ×
1     // Top-level build file where you can add configuration options
2     // common to all sub-projects/modules.
3
4     buildscript {
5         repositories {
6             jcenter()
7         }
8         dependencies {
9             classpath 'com.android.tools.build:gradle:1.5.0'
10
11            // NOTE: Do not place your application dependencies here; they belong
12            // in the individual module build.gradle files
13        }
14    }
15
16    allprojects {
17        repositories {
18            jcenter()
19        }
20    }
21
22    task clean(type: Delete) {
23        delete rootProject.buildDir
24    }
25
```

그레이들 툴 윈도우에서는 프로젝트 아래에 MyApplication(root)와 모듈 :app이 있습니다. 루트 모듈은 각 모듈의 모든 태스크들을 포함하고 있습니다. 지금은 모듈이 하나뿐이므로 루트 모듈의 태스크는 :app 모듈과 똑같아 보이지만 build setup 폴더에 있는 init, wrapper는 루트 모듈에만 있는 태스크입니다.

루트 디렉터리는 각 모듈들을 서브 디렉터리에 담고 있는데, settings.gradle 파일은 이러한 프로젝트 구조를 그레이들에게 알려 주는 역할을 합니다. 안드로이드 스튜디오가 자동으로 생성해 주는 프로젝트의 settings.gradle은 다음 화면처럼 매우 간단합니다.

그레이들 시스템에서 사용되는 세미콜론(:)은 디렉터리 계층 구분자인 슬래시(/, 윈도우 시스템은 역슬래시)와 동일하다고 보아도 무방합니다. 예를 들어 :app:lib는 프로젝트 루트의 서브 디렉터리에 app라는 모듈(서브 프로젝트)이 있고 app의 서브 디렉터리에 lib라는 모듈이 있다는 의미입니다.

② 자바 라이브러리 모듈

이제 프로젝트에 간단한 자바 라이브러리 모듈을 추가해 보겠습니다. 메인 메뉴나 프로젝트 툴 윈도우의 콘텍스트 메뉴에서 [New Module...]을 선택합니다.

그러면 [Create New Module] 대화 창이 나타납니다. 여기에서 [Java Library]를 선택하고 [Next] 버튼을 클릭합니다.

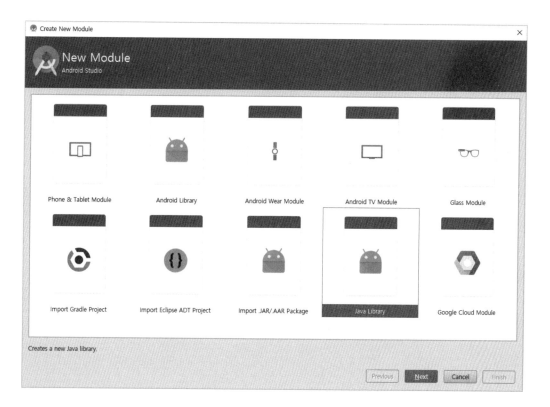

이어지는 대화 창에서는 라이브러리 이름과 패키지 이름, 클래스 이름을 입력합니다. 기본값 그대로 lib, MyClass라고 두고 [Finish] 버튼을 누릅니다.

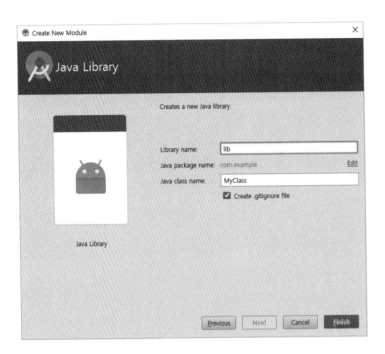

그러면 그레이들은 빌드를 다시 진행합니다. settings.gradle 파일을 보면 :lib가 추가된 것을 볼 수 있습니다.

그레이들 툴 윈도우에도 :lib가 추가되었습니다. 이 모듈은 자바 라이브러리이기 때문에 안드로이드 모듈과는 달리 documentation 폴더에 javadoc 태스크가 있습니다. 이 태스크는 루트 모듈에도 담겨 있습니다.

프로젝트 툴 윈도우에도 [lib]라는 서브 디렉터리가 생성되었습니다.

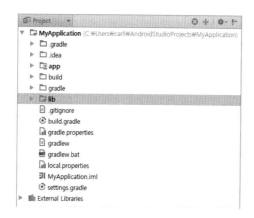

이 폴더를 선택하고 마우스 오른쪽 버튼을 눌러 콘텍스트 메뉴를 불러 봅니다. 다른 파일이나 폴더와는 다르게 모듈 폴더에는 [Delete...] 항목이 빠져 있습니다.

하지만 settings.gradle 파일에서 :lib를 지우면 그레이들이 다시 빌드를 진행하고 콘텍스트메뉴에서 [Delete...] 항목이 나타납니다. 혹시 모듈을 잘못 만들었다면 settings.gradle을수정하고 디렉터리를 삭제해야 안전합니다. 그렇지 않으면 오류가 발생합니다.

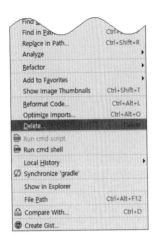

[lib] 디렉터리 안의 build.gradle 파일에는 빌드 정보가 담겨 있습니다. 이 파일을 열어 보면 이 모듈이 자바 라이브러리임을 알 수 있습니다.

```
apply plugin: 'java' (자바 라이브러리)
apply plugin: 'com.android.application' (안드로이드 프로젝트)
```

```
settings.gradle ×   MyApplication ×   app ×   lib ×
1    apply plugin: 'java'
2
3    dependencies {
4        compile fileTree(dir: 'libs', include: ['*.jar'])
5    }
```

이제 자바 라이브러리에 간단한 소스코드를 넣어 보겠습니다. 안드로이드 스튜디오는 모듈을 생성할 때 MyClass라는 클래스를 생성해 주었습니다. 거기에 다음과 같이 문자열을 리턴하는 getLib() 메서드를 입력합니다.

```
public class MyClass {
    public String getLib() {
        return "This is a Java Library";
    }
}
```

그런 다음 app 모듈로 돌아와 MainActivity.java 파일에서 lib 모듈에서 만든 MyClass 데이터 타입을 입력합니다. MainActivity 클래스에서는 데이터 타입 MyClass이 무엇인지 모르기 때문에 당연히 오류가 발생합니다.

Alt + Enter를 누르면 안드로이드 스튜디오가 해결책을 찾아 주는데, 맨 위에 있는 것이 [Add dependency on module 'lib'](모듈 lib를 디펜던시에 추가)입니다. 이것을 선택하면 그레이들의 빌드가 진행되고 오류가 사라집니다.

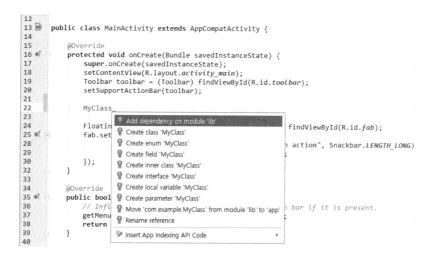

이 동작으로 프로젝트 구조에 여러 가지 변화가 일어납니다. 툴바의 아이콘을 클릭하여 프로젝트 스트럭처 대화 창을 열면 이를 확인할 수 있습니다.

프로젝트 스트럭처 대화 창에서 [Dependencies] 탭을 보면 맨 아래에 [:lib]가 추가되었습니다.

app 모듈의 build.gradle 파일에도 [:lib] 모듈이 추가되었습니다.

```
compile project(':lib')
```

build.gradle 파일에서는 project라고 표기되어 있습니다. 안드로이드 스튜디오에서 모듈은 그레이들에서는 프로젝트입니다.

```
21
22   dependencies {
23       compile fileTree(include: ['*.jar'], dir: 'libs')
24       testCompile 'junit:junit:4.12'
25       compile 'com.android.support:appcompat-v7:23.1.1'
26       compile 'com.android.support:design:23.1.1'
27       compile project(':lib')
28   }
29
```

계속해서 다음 코드를 입력합니다.

```
final MyClass myClass = new MyClass();

FloatingActionButton fab = (FloatingActionButton) findViewById(R.id.fab);
fab.setOnClickListener(new View.OnClickListener() {
    @Override
    public void onClick(View view) {
        Snackbar.make(view, myClass.getLib(), Snackbar.LENGTH_LONG)
                .setAction("Action", null).show();
    }
});
```

myClass라는 오브젝트를 생성하고 Snackbar의 텍스트 "Replace with your own action" 대신 myClass.getLib()를 입력합니다. 이제 디바이스에서 앱을 실행한 뒤 플로팅 액션 버튼 을 클릭하면, 다음과 같이 자바 라이브러리의 문자열이 출력됩니다.

안드로이드 라이브러리 모듈

안드로이드 라이브러리 모듈을 프로젝트에 추가하는 것도 자바와 같습니다. 하지만 안드로이드 모듈은 UI(User Interface)를 포함할 수 있다는 것이 자바 모듈과 다릅니다.

메인 메뉴나 콘텍스트 메뉴에서 [New Module...]을 선택합니다. [Create New Module] 대화 창에서 [Android Library]를 선택하고 [Next] 버튼을 클릭합니다.

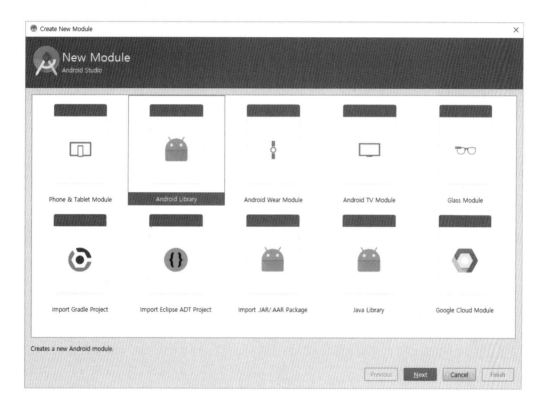

이어지는 대화 창에서 기본값 그대로 라이브러리 이름을 My Library, 모듈 이름을
mylibrary라고 두고 [Finish] 버튼을 누릅니다.

그레이들 빌드가 진행된 후 settings.gradle 파일을 열면 :mylibrary가 추가된 것이 보입니다.

그레이들 툴 윈도우에도 [:mylibrary]가 추가되었습니다.

프로젝트 툴 윈도우에도 [mylibrary]라는 서브 디렉터리가 추가되었습니다.

[mylibrary] 폴더의 build.gradle 파일은 app 모듈과 거의 똑같습니다. 첫줄만 다릅니다.

```
apply plugin: 'com.android.library' (안드로이드 라이브러리)
apply plugin: 'com.android.application' (안드로이드 프로젝트)
```

```
1   apply plugin: 'com.android.library'
2
3   android {
4       compileSdkVersion 23
5       buildToolsVersion "23.0.2"
6
7       defaultConfig {
8           minSdkVersion 15
9           targetSdkVersion 23
10          versionCode 1
11          versionName "1.0"
12      }
13      buildTypes {
14          release {
15              minifyEnabled false
16              proguardFiles getDefaultProguardFile('proguard-android.txt'),
17          }
18      }
19  }
20
21  dependencies {
22      compile fileTree(dir: 'libs', include: ['*.jar'])
23      testCompile 'junit:junit:4.12'
24      compile 'com.android.support:appcompat-v7:23.1.1'
25  }
26
```

이제 mylibrary에 가장 간단한 액티비티를 만들어 보겠습니다. 그레이들 로고 그림 파일을 디바이스 화면에 출력하는 앱입니다.

커서를 mylibrary 폴더에 두고 콘텍스트 메뉴를 불러 [New > Activity > Empty Activity]를 선택합니다.

[New Android Activity] 대화 창에서 액티비티 이름에 imageActivity라고 입력합니다. 그러면 레이아웃 이름은 자동으로 생성됩니다. 기본값 그대로 두고 [Finish] 버튼을 클릭합니다.

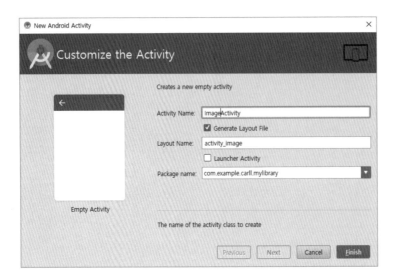

그러면 에디터 윈도우에 ImageActivity.java 파일이 나타납니다. 클래스 이름이 적힌 6번째 라인의 아이콘을 클릭하거나, Ctrl을 누른 채 activity_image를 클릭하면 activity_image .xml 파일을 부를 수 있습니다.

```
settings.gradle ×    mylibrary ×    ImageActivity.java ×
1    package com.example.carll.mylibrary;
2
3    import ...
5
6    public class ImageActivity extends AppCompatActivity {
7
8        @Override
9        protected void onCreate(Bundle savedInstanceState) {
10           super.onCreate(savedInstanceState);
11           setContentView(R.layout.activity_image);
12       }
13   }
14
```

activity_image.xml에 다음 코드를 추가합니다. 화면을 디자인 탭에 두고 팔레트에서 [ImageView]를 디바이스 화면 안으로 끌어당겨 상하좌우 중앙을 맞추면 입력이 수월합니다. 맨 마지막 줄에 있는 drawable 폴더에서 gradlelogo 그림 파일을 출력하는 명령어만 적어 넣으면 됩니다.

```
<ImageView
    android:layout_width="wrap_content"
    android:layout_height="wrap_content"
    android:id="@+id/imageView"
    android:layout_centerVertical="true"
    android:layout_centerHorizontal="true"
    android:src="@drawable/gradlelogo" />
```

```
ImageActivity.java ×    activity_image.xml ×
1    <?xml version="1.0" encoding="utf-8"?>
2    <RelativeLayout xmlns:android="http://schemas.android.com/apk/res/android"
3        xmlns:tools="http://schemas.android.com/tools"
4        android:layout_width="match_parent"
5        android:layout_height="match_parent"
6        android:paddingBottom="16dp"
7        android:paddingLeft="16dp"
8        android:paddingRight="16dp"
9        android:paddingTop="16dp"
10       tools:context="com.example.carll.mylibrary.ImageActivity">
11
12       <ImageView
13           android:layout_width="wrap_content"
14           android:layout_height="wrap_content"
15           android:id="@+id/imageView"
16           android:layout_centerVertical="true"
17           android:layout_centerHorizontal="true"
18           android:src="@drawable/gradlelogo" />
19
20   </RelativeLayout>
21
```

물론 drawable 폴더에 다음과 같이 그림 파일을 미리 담아 놓아야 합니다.

그러면 activity_image.xml의 디자인 탭의 디바이스에 다음과 같이 그레이들 로고가 화면 중앙에 표시됩니다.

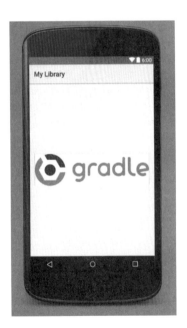

이제 app 모듈로 돌아가 content_main.xml 파일을 열고 아래 코드를 입력합니다. 텍스트가 [Gradle Logo] 버튼 중앙에 배치하는 태그입니다. 이 버튼을 누르면 [libraryActivity] 메서드가 호출됩니다. 마지막 줄의 코드가 그것입니다.

```
<Button
    android:layout_width="wrap_content"
    android:layout_height="wrap_content"
    android:text="Gradle Logo"
    android:id="@+id/button"
    android:layout_centerVertical="true"
    android:layout_centerHorizontal="true"
    android:onClick="libraryActivity"/>
```

그러고는 app 모듈의 MainActivity.java 파일에 다음 코드를 추가합니다. 디바이스에 ImageActivity 화면을 띄우는 메서드입니다.

```
public void libraryActivity(View view){
    Intent myIntent = new Intent(this, ImageActivity.class);
    startActivity(myIntent);
}
```

앞서 자바 라이브러리에서처럼 ImageActivity.class를 입력하면 코드가 오류를 나타내는 붉은색으로 바뀝니다.

```
 © MainActivity.java ×
 1    package com.example.carll.myapplication;
 2
 3    import ...
15
16    public class MainActivity extends AppCompatActivity {
17
18        @Override
19        protected void onCreate(Bundle savedInstanceState) {...}
36
37        @Override
38        public boolean onCreateOptionsMenu(Menu menu) {...}
43
44        @Override
45        public boolean onOptionsItemSelected(MenuItem item) {...}
58
59        public void libraryActivity(View view){
60            Intent myIntent = new Intent(this, ImageActivity.class);
61            startActivity(myIntent);
62        }
63    }
64
```

Alt + Enter를 치면 [mylibrary] 모듈을 디펜던시에 추가할 수도 있지만, 여기서는 [프로젝트 스트럭처] 대화 창에서 직접 디펜던시 관리를 하는 방법을 써 보도록 하겠습니다.

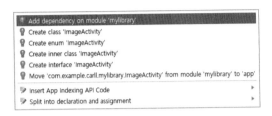

툴바의 아이콘을 클릭해 [프로젝트 스트럭처] 대화 창을 엽니다. 마지막에 있는 [Dependencies] 탭으로 이동해 오른쪽에 있는 플러스(+) 아이콘을 클릭합니다. 그러면 플러스 아이콘 아래에 메뉴가 나타납니다. [Module dependency] 항목을 선택합니다.

[Choose Modules] 대화 창에서 [:mylibray] 아이콘을 선택하고 [OK] 버튼을 클릭합니다.

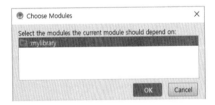

그러면 프로젝트 스트럭처 대화 창에 [mylibrary] 모듈이 추가됩니다.

이것은 app 모듈의 build.gradle 파일에서도 확인할 수 있습니다.

```
settings.gradle ×    MyApplication ×    app ×
61
62   dependencies {
63       compile fileTree(include: ['*.jar'], dir: 'libs')
64       testCompile 'junit:junit:4.12'
65       compile 'com.android.support:appcompat-v7:23.1.1'
66       compile 'com.android.support:design:23.1.1'
67       compile project(':lib')
68       compile project(':mylibrary')
69   }
70
```

코드 입력을 마친 다음, 실행 버튼을 눌러 디바이스에서 앱을 실행합니다. [GRADLE LOGO] 버튼을 누르면 그레이들 로고 이미지가 나타납니다. 애플리케이션 안에서 안드로이드 라이브러리가 실행되고 있습니다.

AndroidStudio

Chapter 10
유닛 테스트와 안드로이드 기기 테스트

현대 소프트웨어 개발에서 테스트는 매우 중요한 분야입니다. 전통적인 소프트웨어 개발에서는 개발이 완료된 후에 테스트가 진행되는 방식이었다면, 개발 중에도 끊임없이 테스트를 하여 소프트웨어 품질을 다듬어 나가는 모델이 이제 주류를 이루고 있습니다. 개발 초기에 문제점을 발견하는 것이 수정도 쉽고 비용도 적게 들기 때문입니다.

따라서 개발 단계별로 테스트 전략을 수립하는데, 그 종류도 정적 테스트(Static Test), 동적 테스트(Dynamic Test), 유닛 테스트(Unit Test), 블랙 박스 테스트(Black Box Test), 화이트 박스 테스트(White Box Test), 통합 테스트(Integration Test), 점진적인 통합 테스트(Incremental Integration Test), 기능 테스트(Functional Test) 등 참으로 다양합니다. 더욱이 소스코드를 프로그래밍하기 전에 먼저 테스트 코드를 작성하는 테스트 주도 개발(Test-Driven Development)이 세계적으로 인기를 끌고 있습니다.

안드로이드 스튜디오의 테스트는 크게 두 부분으로 나뉩니다. 하나는 자바 소스코드의 로직을 테스트하는 유닛 테스트(Unit Test)이고, 다른 하나는 안드로이드 기기 테스트(Android Instrumentation Test)입니다. 우리말로 "단위 테스트"라고 번역되는 유닛 테스트는 소스코드의 로직을 클래스나 메서드 단위를 검증합니다. 개발 단계에서 개발자 자신이 코딩한 클래스나 메서드가 정상적으로 동작하는지를 테스트합니다. JUnit이 대표적인 툴입니다.

이에 비해 안드로이드 기기 테스트는 안드로이드 기기 또는 가상 디바이스에 직접 테스트 코드를 올려서 테스트가 진행됩니다. UI(User Interface, 사용자 인터페이스) 테스트라고도 합니다.

유닛 테스트는 개발자가 직접 단위 테스트 코드를 구현해 개발 중에 소프트웨어의 결함을 찾아낼 수 있는 대단히 유용한 테스트 기법이지만, 그동안 안드로이드 개발자에게 매우 난감한 부분이었습니다. UI 테스트는 로보티움(Robotium), 멍키 러너(Monkey Runner) 같은 도구들로 수행할 수 있었지만, 유닛 테스트는 안드로이드 스튜디오 버전 1.1 이전까지 JUnit4가 제대로 기능하지 않아 JUnit3 스타일로 수행해야 했기 때문입니다. 하지만 이제는 유닛 테스트도 무리 없이 수행됩니다.

안드로이드 스튜디오는 아직도 한창 개발 중인 IDE이지만 테스트 영역은 더욱 그러합니다. 이 장에서는 JUnit4를 이용한 유닛 테스트와 안드로이드 기기 테스트의 원리에 대해 살펴보고 그레이들의 테스트 자동화 시스템에 대해 간단히 살펴보겠습니다.

① 유닛 테스트

안드로이드 스튜디오에서 유닛 테스트를 진행하기 위해서는 빌드 배리언트 툴 윈도우의 [Test Artifact]를 [Unit Tests]로 바꾸어야 합니다. 기본값은 Android Instrumentation Test입니다. 그러면 프로젝트 툴 윈도우의 java 폴더도 함께 바뀝니다. 만일 프로젝트 툴 윈도우의 뷰(View)가 [Project]로 되어 있다면 [app/src/java/test]가 활성화됩니다. 프로젝트 툴 윈도우의 뷰가 [Android]로 되어 있다면 java 폴더의 연한하게 표시된 (test) 폴더만 프로젝트 툴 윈도우에 나타나고 (androidTest) 폴더는 프로젝트 툴 윈도우에서 사라집니다.

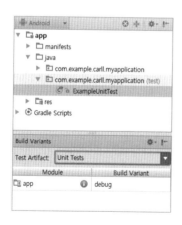

(test) 폴더에는 이미 ExampleUnitTest.java라는 파일이 샘플로 들어가 있습니다. 이 자바 파일은 JUnit이 사용되고 있습니다. 여기에서 import static은 클래스의 정적(static) 메서드를 사용할 때 클래스 이름을 생략해도 되도록 하는 간편 명령입니다. 그래서 원래는 Assert.assertEquals라고 적어야 할 것이 assertEquals라고 간략한 형태가 됩니다.

```
import org.junit.Test;
import static org.junit.Assert.*;
```

테스트 메서드 addition_isCorrect()에 @Test이 사용되었습니다. 이것은 JUnit의 어노테이션(Annotation)으로서 메서드가 테스트 목적이라는 것을 알려주는 역할을 합니다.

```
  ExampleUnitTest.java ×
1    package com.example.carll.myapplication;
2
3   import org.junit.Test;
4
5   import static org.junit.Assert.*;
6
7   /**
8    * To work on unit tests, switch the Test Artifact in the Build Variants view.
9    */
10  public class ExampleUnitTest {
11      @Test
12      public void addition_isCorrect() throws Exception {
13          assertEquals(4, 2 + 2);
14      }
15  }
```

에디터 윈도우에서 오른쪽 마우스 버튼을 클릭해 콘텍스트 메뉴를 부릅니다. 거기에서 [Run 'ExampleUnitTest']를 선택해 자바 파일을 실행합니다.

에디터 윈도우의 커서 위치에 따라 콘텍스트 메뉴에 [Run 'addition_isCorrect...()]가 나타날 수도 있습니다. 커서가 메서드 안에 위치해 있다면 콘텍스트 메뉴에 메서드 실행 명령이 나타납니다. 어느 것으로 하던 관계가 없습니다.

그러면 테스트 코드의 실행 결과가 화면에 나타납니다. 화면 오른쪽 위에 있는 막대가 초록색인 것인 테스트에 통과했다는 뜻입니다. 화면 왼쪽에도 초록색으로 클래스와 메서드에 OK 아이콘이 붙어 있습니다.

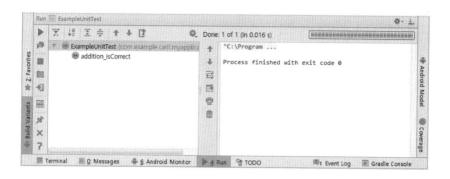

```
assertEquals(long expected, long actual)
```

assertEquals()는 JUnit의 메서드로서 Ctrl + Q를 누르면 간략한 설명이 나타납니다. 첫 번째 파라미터는 기대값(expected)이고, 두 번째 파라미터는 실제값(actual)입니다. 기대값 4와 실제값 2 + 2가 같으므로 ExampleUnitTest 클래스 addition_isCorrect() 메서드가 테스트에 통과한 것입니다.

기대값을 3으로 바꾸면 테스트는 실패합니다. 따라서 화면 오른쪽 위의 막대가 붉은색으로 표시되어 있습니다.

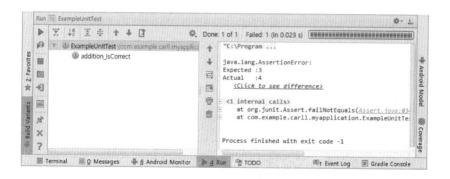

실행(Run) 툴 윈도우에서는 왜 테스트에 실패했는지 설명하고 있습니다.

```
java.lang.AssertionError:
Expected :3
Actual   :4
```

② 그레이들의 유닛 테스트

안드로이드 스튜디오에서의 유닛 테스트도 비교적 간단합니다만 그레이들의 테스트는 더없이 간편합니다. 그레이들 툴 윈도우에서 test 태스크만 실행하면 됩니다.

터미널에서 다음 명령어를 입력해도 유닛 테스트가 바로 실행됩니다.

```
gradlew test
```

그리고 테스트 결과는 HTML 파일로 출력됩니다. 다음 화면과 같이 프로젝트 툴 윈도우의 콘텍스트 메뉴에서 [app/build/reports/tests/debug/index.html] 파일을 브라우저로 열면 테스트 결과를 바로 확인할 수 있습니다.

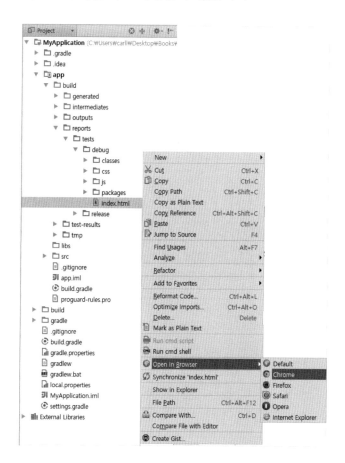

Class com.example.carll.myapplication.ExampleUnitTest

all > com.example.carll.myapplication > ExampleUnitTest

1	0	0	0.001s	100%
tests	failures	ignored	duration	successful

Tests

Test	Duration	Result
addition_isCorrect	0.001s	passed

앞에서와 같이 assertEquals 메서드의 기대값을 3으로 바꾸면 HTML 화면은 붉은색으로 테스트가 실패했음이 표시되고 아래에 테스트가 실패한 이유에 대한 설명이 나타납니다.

Class com.example.carll.myapplication.ExampleUnitTest

all > com.example.carll.myapplication > ExampleUnitTest

1	1	0	0.002s	0%
tests	failures	ignored	duration	successful

Failed tests　　**Tests**

addition_isCorrect

```
java.lang.AssertionError: expected:<3> but was:<4>
        at org.junit.Assert.fail(Assert.java:88)
        at org.junit.Assert.failNotEquals(Assert.java:834)
        at org.junit.Assert.assertEquals(Assert.java:645)
```

③ 새로운 클래스의 유닛 테스트

이제 새로운 클래스를 만들어 유닛 테스트를 다시 진행해 보겠습니다. (test) 폴더가 아닌 MainActivity.java 파일이 있는 폴더를 선택하고 마우스 오른쪽 버튼을 클릭하여 콘텍스트 메뉴를 부릅니다. 거기에서 [New > Java Class]를 선택하고 [Create New Class] 대화 창에 Logic이라고 입력한 후 [OK] 버튼을 클릭합니다. 그리고 다음과 같이 add() 메서드를 추가합니다. 첫 번째 파라미터와 두 번째 파라미터의 합을 구하는 매우 간단한 메서드입니다.

```
public class Logic {
    public int add(int a, int b) {
        return a + b;
    }
}
```

그런 다음 Ctrl + Shift + T를 누르면 안드로이드 스튜디오는 새로운 테스트 클래스를 생성해 줍니다. 메인 메뉴 [Navigate > Test]를 선택해도 좋습니다.

다음 화면에서처럼 [Choose Test for Logic]에서 [Create New Test...]를 선택하면 [Create Test] 대화 창이 나타납니다.

```java
package com.example.carll.myapplication;

public class Logic {
    public int add(int a, int b) {
        return a + b;
    }
}
```

여기에서 JUnit4를 선택하고 클래스 이름은 자동으로 생성된 이름을 그대로 사용합니다. 안 드로이드 스튜디오는 클래스 이름에 Test를 덧붙여 테스트 클래스의 이름을 만들어 줍니다. 그리고 아래쪽 [Member]에서 add() 메서드에 체크하고 [OK] 버튼을 클릭합니다.

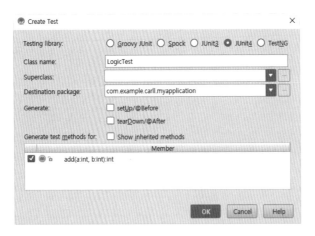

그러면 안드로이드 스튜디오는 (test) 폴더에 LogicTest.java라는 파일을 생성해 줍니다. 거기에 다음과 같은 테스트 코드를 입력합니다.

```
Logic logic = new Logic();

assertEquals("2 + 2 = 4", 4, logic.add(2, 2));
assertEquals("4 + 3 = 7", 7, logic.add(4, 3));
```

JUnit의 메서드 assertEquals()는 앞과는 조금 다릅니다. 마찬가지로 Ctrl + Q를 누르면 간 략한 설명이 나타나는데, 첫 번째는 메시지, 두 번째는 기대값(expected), 세 번째는 실제값 (actual)입니다. 그런 다음 앞에서와 같이 콘텍스트 메뉴에서 [Run 'LogicTest']를 선택합 니다. 그러면 안드로이드 스튜디오는 테스트를 진행하고 결과를 실행(Run) 툴 윈도우에 표 시해 줍니다.

```
assertEquals(@Nullable java.lang.String message, long expected, long actual)
```

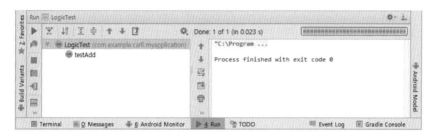

이제 Logic 클래스에 메서드를 하나 더 추가해 보겠습니다. Logic.java에 다음과 같이 subtract() 메서드를 입력합니다.

```java
public int subtract(int a, int b) {
    return a - b;
}
```

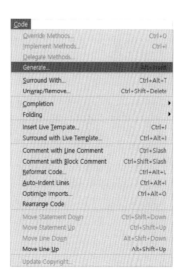

그런 다음 다시 LogicTest 클래스로 돌아와 코드를 생성하는 단축키인 Alt + Insert를 칩니다. 메인 메뉴 [Code > Generate...]를 선택해도 됩니다.

그러면 [Generate] 창이 나타납니다. 여기에서 [Test Method]를 선택하고 Enter를 누르면 LogicTest 클래스에 새로운 테스트 메서드가 생성됩니다.

메서드 이름을 testSubtract라고 붙이고 다음 코드를 입력합니다.

```
Logic logic = new Logic();
assertEquals("2 - 2 = 0", 0, logic.subtract(2, 2));
assertEquals("4 - 3 = 1", 1, logic.subtract(4, 3));
```

testAdd() 메서드와 testSubtract() 메서드에 Logic logic = new Logic();가 중복되어 있습니다. 이러한 코드 중복을 막기 위해 JUnit은 특별한 메서드를 마련해 놓았습니다. setUp()은 각각의 테스트 메서드가 실행되기 전에 먼저 실행되는 코드입니다.

다시 Alt + Insert를 눌러 [Generate] 창을 부릅니다. 이제 [SetUp Method]를 선택하고 Enter를 누르면 LogicTest 클래스에 setUp() 메서드가 추가됩니다. 여기에 다음 코드를 추가하면 코드 중복을 막을 수 있습니다.

```
private Logic logic;

@Before
public void setUp() throws Exception {
    logic = new Logic();
}
```

```
 LogicTest.java ×    Logic.java ×
4    import org.junit.Test;
5    import static org.junit.Assert.*;
6
7    public class LogicTest {
8
9        private Logic logic;
10
11       @Before
12       public void setUp() throws Exception {
13           logic = new Logic();
14
15       }
16
17       @Test
18       public void testAdd() throws Exception {
19           assertEquals("2 + 2 = 4", 4, logic.add(2, 2));
20           assertEquals("4 + 3 = 7", 7, logic.add(4, 3));
21       }
22
23       @Test
24       public void testSubtract() throws Exception {
25           assertEquals("2 - 2 = 0", 0, logic.subtract(2, 2));
26           assertEquals("4 - 3 = 1", 1, logic.subtract(4, 3));
27       }
28   }
```

콘텍스트 메뉴에서 [Run 'LogicTest']를 선택하여 테스트를 실행합니다. 이렇게 testAdd
와 testSubtract가 테스트에 통과되었습니다.

바로 이전에 진행한 실행(Run)은 툴바에 나타나기 때문에 툴바의 실행 버튼을 눌러도 됩니다.

하지만 새로운 LogicTest 클래스에는 새로운 실행을 적용해 보겠습니다. 테스트 클래스의 콘텍스트 메뉴에서 [Run 'LogicTest' with Coverage]를 선택합니다. 이 실행 명령은 유닛 테스트의 유효 범위(Coverage)가 나타나는 커버리지 툴 윈도우를 활성화합니다.

커버리지 툴 윈도우는 테스트가 커버하는 영역을 퍼센트로 표시합니다. LogicTest는 com.example.carll.myapplication의 전체 클래스 가운데 5%, 메서드는 22%, 라인은 3%를 차지하고 있습니다.

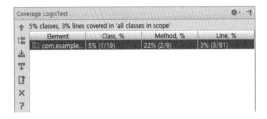

com.example.carll.myapplication을 클릭하면 좀더 세부적인 엘리먼트들이 나타나는데, Logic은 클래스, 메서드, 라인을 100 퍼센트 커버하고 있습니다.

왼쪽의 툴바 가운데 [Generate Coverage Report]는 커버 영역 보고서를 출력합니다. × 아이콘 바로 위에 있는 버튼입니다. 그 위의 아이콘들은 디렉터리 계층화 / 비계층화, 자동 스크롤 버튼들입니다. 다른 툴 윈도우에서처럼 물음표(?) 아이콘을 클릭하면 젯브레인스 홈페이지의 커버리지 툴 윈도우(Coverage Tool Window) 페이지가 브라우저에 나타납니다. 거기에서는 아이콘을 비롯해 툴 윈도우에 대한 설명이 담겨 있습니다.

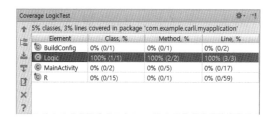

리포트 출력 아이콘을 클릭하고 HTML 파일들이 저장될 디렉터리를 지정한 다음 [Save] 버튼을 누르면 커버리지 보고서가 생성됩니다. 아래에 있는 [Open gernerated HTML in browser]에 체크하면 저장과 동시에 브라우저에서 보고서가 열립니다.

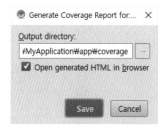

이 가운데 Logic 클래스 커버리지 보고서에는 커버된 코드들이 연두색 바탕으로 표시되어 있습니다. 이 파일들은 저장된 디렉터리에서 개별적으로 열 수도 있습니다.

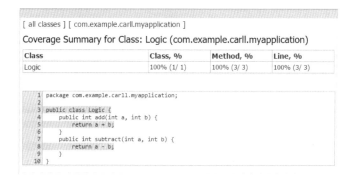

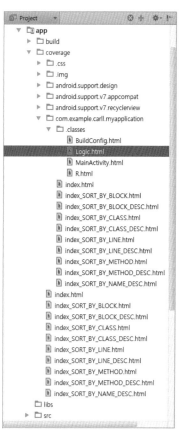

안드로이드 기기 테스트

지금까지는 자바 소스 코드, 즉 JUnit을 이용한 유닛 테스트에 대해 알아보았습니다. 안드로이드 디바이스와 연동된 테스트는 안드로이드 기기 테스트(Android Instrumentation Test)가 담당합니다. 이를 확인하기 위해 다음과 같이 Echo 클래스를 만듭니다.

```java
public class Echo {
    public static String echo(String letter) {
        return echo(letter, false);
    }

    public static String echo(String letter, boolean log) {
        if (log) {
            Log.i(Echo.class.getName(), letter);
        }
        return letter;
    }
}
```

Echo 클래스는 두 가지 스태틱 메서드 echo로 이루어져 있습니다. 파라미터 문자열을 그대로 출력하되 두 번째 파라미터가 true일 때에는 디바이스의 콘솔에 로그 메시지를 출력하는 메서드입니다. import android.util.Log;는 이것이 안드로이드 디바이스와 연관되어 있음을 시사하고 있습니다.

```java
 1  package com.example.carll.myapplication;
 2
 3  import android.util.Log;
 4
 5  public class Echo {
 6      public static String echo(String letter) {
 7          return echo(letter, false);
 8      }
 9
10      public static String echo(String letter, boolean log) {
11          if (log) {
12              Log.i(Echo.class.getName(), letter);
13          }
14          return letter;
15      }
16  }
17
```

단축키 Ctrl + Shift + T를 눌러 새로운 테스트 클래스를 생성합니다. [Create Test] 대화
창의 [Member]에 두 가지 메서드를 선택하고 메서드 이름을 다음과 같이 testEcho,
testEchoLogging이라고 입력합니다.

```java
public class EchoTest {

    @Test
    public void testEcho() throws Exception {
        assertEquals("hello", Echo.echo("hello"));
    }

    @Test
    public void testEchoLogging() throws Exception {
        assertEquals("hello", Echo.echo("hello", true));
    }
}
```

testEcho 메서드는 기대값 "hello"가 실제값 Echo.echo("hello")와 같음을 주장합니다.
testEchoLogging 메서드는 기대값 "hello"가 실제값 Echo.echo("hello", true)와 같음을
주장합니다. echo 메서드는 문자열 파라미터를 그대로 리턴하기 때문에 두 테스트 메서드는
모두 참입니다.

하지만 EchoTest를 실행하면 testEcho는 테스트에 통과되지만 testEchoLogging는 테스
트에 실패합니다. Echo.echo의 두 번째 파라미터가 true라면 Log 메시지가 디바이스에 출
력되는데 유닛 테스트에서는 Log 메시지를 처리하지 못하기 때문입니다. 실행(Run) 툴 윈
도우에는 테스트 실패의 원인이 나타나 있습니다. android.util.Log가 마킹되지 않았다(not
mocked)는 내용입니다.

마크(Mock)이란 영어로 "모의, 모형, 흉내를 내는"이라는 뜻입니다. 테스트 모듈과 연결되
는 외부 모듈들을 "모의, 모형, 흉내를 내는, 가짜" 모듈을 작성하여 테스트의 독립성과 효용
성을 높이는 데 사용합니다.

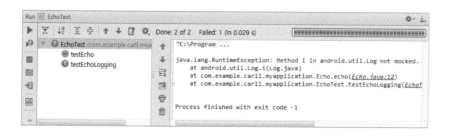

유닛 테스트를 그레이들에서 실행하면 그레이들의 오류 메시지를 살펴볼 수 있습니다. 그레이들 툴 윈도우에서 test 태스크를 클릭하거나 터미널에서 다음 명령어를 입력합니다.

```
gradlew -q test
```

-q를 덧붙이면 태스크 진행 과정이 생략되고 결과만 출력합니다.

```
C:\Users\carll\AndroidStudioProjects\MyApplication
λ gradlew -q test

5 tests completed, 1 failed

* What went wrong:
Execution failed for task ':app:testDebugUnitTest'.
> There were failing tests. See the report at: file:///C:/Users/carll/
AndroidStudioProjects/MyApplication/app/build/reports/tests/debug/inde
x.html

* Try:
Run with --stacktrace option to get the stack trace. Run with --info o
r --debug option to get more log output.

C:\Users\carll\AndroidStudioProjects\MyApplication
λ
```

테스트 결과 화면에는 보고서 index.html의 파일 경로가 표시되어 있습니다. 이것을 복사하여 브라우저의 주소 창에 붙이면 다음과 같은 테스트 결과를 얻을 수 있습니다. 안드로이드 스튜디오와 같은 결과입니다.

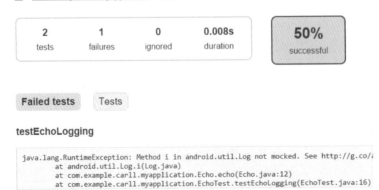

Class com.example.carll.myapplication.EchoTest

all > com.example.carll.myapplication > EchoTest

2	1	0	0.008s	**50%**
tests	failures	ignored	duration	successful

Failed tests　　Tests

testEchoLogging

```
java.lang.RuntimeException: Method i in android.util.Log not mocked. See http://g.co/
        at android.util.Log.i(Log.java)
        at com.example.carll.myapplication.Echo.echo(Echo.java:12)
        at com.example.carll.myapplication.EchoTest.testEchoLogging(EchoTest.java:16)
```

이제 빌드 배리언트 툴 윈도우의 [Test Artifact]를 [Android Instrumentation Test]로 바꿉니다. 그러면 프로젝트 툴 윈도우에 (androidTest) 폴더가 나타나고 (test) 폴더는 사라집니다.

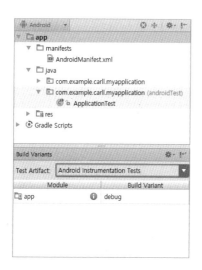

(androidTest) 폴더에 테스트 클래스를 만듭니다. 유닛 테스트에서는 안드로이드 스튜디오가 테스트 클래스를 생성해 주었지만 안드로이드 기기 테스트에서는 사용자가 직접 클래스를 만들어야 합니다.

(androidTest) 폴더를 선택하고 마우스 오른쪽 버튼을 클릭하여 콘텍스트 메뉴를 부릅니다. [new > Java Class]를 선택하고 [Create New Class] 대화 창에 EchoAndroidTest라고 입력합니다. 그리고 다음과 같이 입력합니다.

```java
public class EchoAndroidTest extends AndroidTestCase {
    public void testEcho() throws Exception {
        assertEquals("hello", Echo.echo("hello"));
    }

    public void testEchoLogging() throws Exception {
        assertEquals("hello", Echo.echo("hello", true));
    }
}
```

이 클래스는 AndroidTestCase 클래스의 상속을 받습니다. 다음 화면처럼 안드로이드 스튜디오의 자동 완성 기능을 이용하면 코드 입력이 한층 쉬워집니다.

```
© EchoAndroidTest.java ×
1   package com.example.carll.myapplication;
2
3   public class EchoAndroidTest extends A {
4   }
5
              C ᴬ AndroidTestCase (android.test)
              © ᴬ Animator (android.animation)
              © ᴬ Activity (android.app)
              © ᴬ ActivityInstrumentationTestCase2<T> (android.test)
              © ᴬ ActivityInstrumentationTestCase<T> (android.test)
              © ᴬ Assert (junit.framework)
              © ᴬ ApplicationTest (com.example.carll.myapplication)
              © ᴬ Application (android.app)
              © ᴬ ArrayList<E> (java.util)
              © ᴬ Array (java.lang.reflect)
              © ᴬ Array (java.sql)
```

유닛 테스트와 똑같이 testEcho()와 testEchoLogging()을 입력합니다. 하지만 @Test 어노테이션은 없습니다. JUnit을 이용한 테스트가 아니기 때문입니다.

```
© Echo.java ×   © EchoAndroidTest.java ×
1   package com.example.carll.myapplication;
2
3   import android.test.AndroidTestCase;
4
5   public class EchoAndroidTest extends AndroidTestCase {
6       public void testEcho() {
7           assertEquals("hello", Echo.echo("hello"));
8       }
9
10      public void testEchoLogging() {
11          assertEquals("hello", Echo.echo("hello", true));
12      }
13  }
14
```

테스트 클래스에서 콘텍스트 메뉴를 불러 [Run 'EchoAndroidTest']를 선택합니다. 콘텍스트 메뉴에는 [with Coverage] 커버리지 실행 항목이 없습니다. 커버리지 실행 명령은 유닛 테스트의 유효 범위(Coverage)만을 나타냅니다.

```
Copy Reference              Ctrl+Alt+Shift+C
Paste                       Ctrl+V
Paste from History...       Ctrl+Shift+V
Paste Simple                Ctrl+Alt+Shift+V
Column Selection Mode       Alt+Shift+Insert
Find Usages                 Alt+F7
Analyze                     ▶
Refactor                    ▶
Folding                     ▶
Go To                       ▶
Generate...                 Alt+Insert
Create 'EchoAndroidTest'...
Run 'EchoAndroidTest'       Ctrl+Shift+F10
Debug 'EchoAndroidTest'
Local History               ▶
Compare with Clipboard
File Encoding
Create Gist...
```

[Device Chooser](디바이스 선택) 대화 창에서 디바이스를 선택하면 실행(Run) 툴 윈도우에 다음과 같은 테스트 결과가 나타납니다.

이것은 커버리지 툴 윈도우와 비슷합니다. 왼쪽 [Export Tests Result] 아이콘도 비슷합니다. 이 버튼을 클릭하면 출력 포맷, 폴더 위치 등 테스트 결과를 출력하는 양식이 나타납니다.

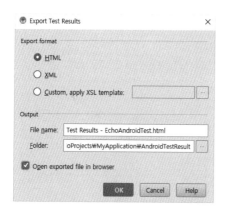

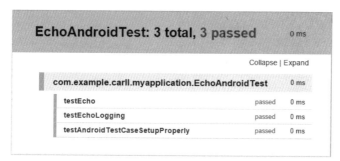

마지막으로 액티비티를 테스트해 보겠습니다. 간단한 테스트를 위해 content_main.xml 파일을 약간 수정합니다. [TextView]에 "hello"라는 id를 추가하고 text는 string.xml의 리소스를 이용합니다. content_main.xml은 다음과 같습니다.

```
<TextView
    android:id="@+id/hello"
    android:layout_width="wrap_content"
    android:layout_height="wrap_content"
    android:text="@string/greeting" />
```

제9장에서 텍스트를 직접 입력하지 않고 string.xml의 리소스를 이용하는 방법에 대해 알아본 바 있습니다. 이에 따른 string.xml은 다음과 같습니다.

```
<resources>
    <string name="app_name">My Application</string>
    <string name="action_settings">Settings</string>
    <string name="greeting">Hello World!</string>
</resources>
```

이제 (androidTest) 폴더에 MainActivityTest 클래스를 만듭니다. 액티비티 테스트 클래스는 ActivityInstrumentationTestCase2 클래스의 상속을 받습니다. 역시 안드로이드 스튜디오의 자동 완성 기능을 이용하면 쉽게 입력할 수 있습니다.

```java
public class MainActivityTest
    extends ActivityInstrumentationTestCase2<MainActivity> {

    public MainActivityTest() {
        super(MainActivity.class);
    }

    public void testHelloWorld() throws Exception {
        Activity activity = getActivity();
        TextView tv = (TextView) activity.findViewById(R.id.hello);

        assertEquals(activity.getText(R.string.greeting), tv.getText());

    }
}
```

testHelloWorld는 액티비티의 [TextView] 텍스트가 string.xml의 리소스와 같은지 테스트하는 메서드입니다.

```java
package com.example.carll.myapplication;

import android.app.Activity;
import android.test.ActivityInstrumentationTestCase2;
import android.widget.TextView;

public class MainActivityTest extends ActivityInstrumentationTestCase2<MainActivity> {

    public MainActivityTest() { super(MainActivity.class); }

    public void testHelloWorld() throws Exception {
        Activity activity = getActivity();
        TextView tv = (TextView) activity.findViewById(R.id.hello);

        assertEquals(activity.getText(R.string.greeting), tv.getText());
    }
}
```

그레이들 툴 윈도우에서 connectedCheck 태스크를 선택하면 안드로이드 기기 테스트가 실행됩니다. 터미널에서 다음 명령을 입력해도 됩니다.

```
gradlew connectedCheck
```

유닛 테스트에서는 [app/build/reports/tests/debug/index.html]에 테스트 결과가 저장되었습니다. 안드로이드 기기 테스트에서는 이와는 다른 곳에 테스트 결과가 저장됩니다. 바로 [app/build/reports/AndroidTests/conected/index.html]입니다.

이 index.html 파일을 브라우저에서 열면 다음과 같습니다. 안드로이드 각 테스트에서는 여러 디바이스에서 수행된 테스트 결과를 동시에 살펴볼 수 있습니다.

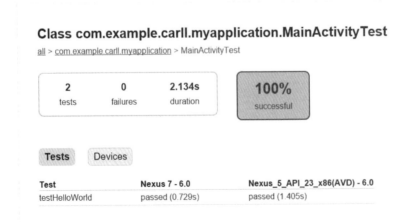

Android Studio를 위한 빌드 자동화
Gradle

이동호 지음   정가 / 20,000원

펴낸곳 / 인투북스
펴낸이 / 이 갑 재

전 화 / 070-8246-8789   팩 스 / 031-925-8751
등 록 / 제2010-000006

2016년 3월 2일   초판 인쇄
2016년 3월 4일   1판 쇄 발행

ISBN 978-89-6909-009-6

질의/응답: carllro@daum.net